Als
vaers
Sønderborg
sburger Förde
1
Schloß Glücksburg
sburg
Rundhof
Kappeln
Schlei
2
Gut Damp
Waabs
Gottorf
Schleswig
3
Gut Ludwigsburg
Schlei
Gut Louisenlund
Hemmelmark
4
Eckernförde
Eckernförder Bucht
Kieler Bucht
8
Gut Altenhof
Wittensee
Gut Knoop
9
Kieler Förde
Schönberg
Schmoel
Kronshagen
Salzau
Waterneverstorf
Büdelsdorf
Kiel
Selenter See
Lütjenburg
Rendsburg
Gut Emken-
dorf
Westen-
see
10
11
Gut Rastorf
Jagdschloß
Blomenburg
Eider
Gut Wahlstorf
14
Hamdorf
Gut Schierensee
13
Preetz
Lebrade
Gut Bothkamp
Kanal
12
Gut Rixdorf
15
Malente
Schloß
Plön
16
Nortorf
Bordesholm
Bundhorst
Großer
Plöner
See
17
Perdöl
Bosau
Schloß
Eutin
Gut
Nehmten
Neumünster
19
Herrenhaus
Seedorf
Ahrensbök
Hohenlockstedt
Kellinghusen
Wensin
Itzehoe
Bad Segeberg
20
Schloß
Breitenburg
Bad Bramstedt
Stockelsdorf
Kaltenkirchen
Reinfeld

Schlösser und Gutsanlagen in Schleswig-Holstein

L&H VERLAG

Schlösser und Gutsanlagen in Schleswig-Holstein

Kunst-und kulturgeschichtliche Streifzüge

Johannes Habich
Deert Lafrenz
Heiko K. L. Schulze
Lutz Wilde

L&H VERLAG

Danke

Der L&H VERLAG dankt dem Landesamt für Denkmalpflege und der Firma Reese/ Corporate Express für die ideelle und finanzielle Unterstützung bei der Herausgabe dieses Buches.

Impressum

Baumwall 5, D-20459 Hamburg
Telefon 040-36 97 72 45, Fax 040-36 97 72 60

Herausgeber: Landesamt für Denkmalpflege Schleswig-Holstein
Wall 74, D-24103 Kiel
Telefon 0431-906 71 20 / Fax 0431-906 72 46
Internet http://www.schleswig-holstein.de/denkmal/

Autoren: Dr. Johannes Habich (Ha), Dr. Deert Lafrenz (La),
Dr. Heiko K. L. Schulze (Schu), Dr. Lutz Wilde (We)
Redaktion: Dr. Heiko K.L. Schulze (Hg.), Wolfgang Henkel
und Tatjana Ceynowa (beide L&H VERLAG)
Abbildungen: Friedhelm Schneider, Archiv des Landesamtes
für Denkmalpflege und Thomas Benk (S.80), Bernadette
Grimmenstein (S. 126) und Tourismusverband Schleswig-
Holstein e.V. (S.12-13 und 238-239)
Gestaltung und Satz: Kerstin Wendel, Hamburg
Kartografie: L&H VERLAG, Hamburg/ kontur, Berlin
Druck und Verarbeitung: Wäser, Bad Segeberg

Die Deutsche Bibliothek - CIP-Einheitsaufnahme
Schlösser und Gutsanlagen in Schleswig-Holstein:
Kunst- und kulturgeschichtliche Streifzüge,
1. Auflage - Hamburg: L&H Verlag, 1998
ISBN 3-928119-24-9

Für Leser und Besucher

Die hier beschriebenen Schlösser und Herrenhäuser stellen einen repräsentativen Querschnitt der schleswig-holsteinischen Bau- und Kulturgeschichte dar. So verschieden wie ihre Geschichte und Entwicklung im Laufe der Jahrhunderte, so unterschiedlich sind auch die heutigen Besitzverhältnisse. Daraus ergeben sich für den interessierten Reisenden vor Ort auch bestimmte Empfehlungen für den Besuch. Es lassen sich dabei drei Kategorien unterscheiden:

- Häuser, die als Museen mit festen Öffnungszeiten einen geregelten und leichten Zugang ermöglichen.

- Häuser, die sich zwar in Privatbesitz befinden und auch von den Eigentümern bewohnt werden, aber nach Rücksprache mit den Besitzern im Rahmen von Gruppenführungen besichtigt werden können.

- Häuser, die sich in Privatbesitz befinden und aufgrund verschiedener Umstände dem Publikum nicht offenstehen. Im Gegensatz zu den vorhergehenden finden sich bei diesen im Textteil keine Informationen zu Besichtigung und Ansprechpartnern.

Wir möchten Sie, liebe Leser, herzlich bitten, für diesen Umstand Verständnis zu zeigen. Die Einheit von Bauwerk und umgebender Landschaft ist ein Gesamtzusammenhang, der geschützt und erhalten werden soll. Bei nicht-öffentlichen Gütern erstreckt sich der Privatbesitz über das gesamte Gelände und nicht nur über das Haus als solches. Bitte respektieren Sie die Privatsphäre der Bewohner.

Vorweg

Dieses vom Landesamt für Denkmalpflege Schleswig-Holstein herausgegebene Buch soll für kulturell interessierte Besucher und Bewohner unseres Landes ein Führer zu ausgewählten Beispielen dieser wichtigen Gattung von Kulturzeugnissen sein. Die Auswahl wird bestimmt durch die Eignung und Möglichkeit zur Besichtigung sowie die Attraktivität des Anschaulichen. Die ausgewählten Herrensitze werden in ihren kulturlandschaftlichen, baulichen und geschichtlichen Zusammenhängen vorgestellt, wobei - jedenfalls bei den Gutsanlagen - das Interessanteste nicht immer das Herrenhaus sein muß, sondern mitunter auch die Gestalt des Gutshofes mit Torhaus und Wirtschaftsgebäuden, der Garten oder auch die Einbettung der Anlage in die Kulturlandschaft. Wichtig ist uns in jedem Fall, die Erinnerung an die Kulturleistungen der Bauherren, Baumeister, Künstler und Handwerker zu wecken und die gesellschaftlichen und politischen Rahmenbedingungen oder Voraussetzungen für diese Leistungen wenigstens anzudeuten. In einem einleitenden Beitrag von Dr. Deert Lafrenz wird der kulturgeschichtliche Gesamtzusammenhang für die Entwicklung der Schlösser und Güter skizziert, wobei auch Anlagen genannt werden, die für die Entwicklungsgeschichte der Gattung wichtig sind. Sie können jedoch nicht zur Besichtigung vorgeschlagen werden, weil sie die oben genannten Bedingungen nicht erfüllen. Die Angabe von weiterführender Literatur beschränkt sich auf Grundlegendes und leicht Zugängliches.

Die Autoren der monographischen Texte sind am Ende eines jeden Beitrags durch Kürzel des Nachnamens angegeben. Die Abbildungen stellte das Landesamt für Denkmalpflege in Schleswig-Holstein. Einige der Fotos wurden durch den Fotografen des Amtes, Friedhelm Schneider, neu angefertigt. Die Gesamtredaktion hatte Dr. Heiko K. L. Schulze.

Wir danken dem L&H VERLAG, daß er sich dieses Themas angenommen hat und mit uns gemeinsam daraus ein Buch gemacht hat, das sowohl inhaltlich als auch optisch - so hoffen wir - den Interessierten begeistern wird.

Dr.-Ing. Gert Kaster
Landeskonservator (komm.)

INHALT

VON NORD NACH SÜD: SCHLÖSSER UND GUTSANLAGEN

VON A BIS Z: SCHLÖSSER UND GUTSANLAGEN

EINE REISE IN DIE GESCHICHTE, ZU KUNST UND KULTUR

Die schleswig-holsteinische Kulturlandschaft wird in besonderer Weise durch Schlösser und Herrenhäuser geprägt, nicht nur durch die Bauten an sich, sondern auch durch ihre Bauherren und Bewohner, ihr Umfeld und ihre Lage in der Landschaft. Hier gibt es Zusammenhänge, aber auch Unterschiede. Volksmund wie auch der plakative Stil der Medien neigen dazu, alles als Schloß zu bezeichnen, was von Menschen "höheren Geblüts" bewohnt wird, gleichwohl meinen die Begriffe Schloß und Herrenhaus jeweils etwas anderes, wofür die Landesgeschichte klare Regeln gesetzt hat: Schlösser wurden als Residenzen von regierenden Landesfürsten errichtet, Herrenhaus heißt zunächst das Wohnhaus des landbesitzenden Adels, später aber auch des bürgerlichen Gutsbesitzers. Diese Begriffsbestimmung gilt für die Neuzeit, für das Mittelalter läßt sie sich in dieser Eindeutigkeit nicht anwenden, auch gab es in jener frühen Zeit eine dritte Gruppe von Bauherren, die Bischöfe, über deren Bautätigkeit wir nur sehr vage unterrichtet sind. Der gemeinsame Ursprung wird in der mittelalterlichen Burg zu suchen sein, die uns jedoch nur als Begriff im Schrifttum, kaum als bildliche Darstellung überliefert ist. Schloß und Herrenhaus waren in den uns faßbaren Anfängen im 16. Jahrhundert beide noch geprägt von Notwendigkeiten zur Befestigung und Verteidigung. So entschieden über die Anlage eines "festen" Schlosses zunächst militärpolitische und strategische Gesichtspunkte; die Lage Gottorfs am engsten Punkt der cimbrischen Halbinsel ist dafür bester Beweis. Demgegenüber hat das Wohnhaus des Gutsherren rein defensiven Charakter. Sein wichtigster Schutz ist die Entlegenheit und die Lage in oder an Gewässern.

Schlössern, so massiv und anspruchsvoll sie gebaut erschienen, war in den Herzogtümern häufig keine Existenz von Dauer beschieden. Die bewegte Landesgeschichte - Kriege, Besitzerwechsel, Verfall, mangelnde Geldmittel - ließ es selten zu, daß man sich über längere Zeit in ihnen einrichtete.

Von wenigen Ausnahmen abgesehen, beruht unsere Kenntnis von der Schloßbaukunst hierzulande auf Bauten, die seit dem 16. Jahrhundert entstanden sind, dann aber auch in größerer Zahl aufgrund der mehrfachen Teilungen, denen das Land über Jahrhunderte ausgesetzt war. Jedes neu gebildete Fürstentum brauchte seine Residenzen, Witwensitze und Lustschlösser. Herzog Adolf von Gottorf baute in Kiel, Reinbek, Husum und Tönning, auf Gottorf und in Tondern veranlaßte er umfangreiche Um- und Neubauten. Kurzlebige Kleinstaaten, wie die der "abgeteilten Herren" des Herzogtums Sonderburg-Plön, ließen die großen Schlösser Ahrensbök, Reinfeld und Rethwisch entstehen und auch schnell wieder vergehen. Die Plöner Herzöge bauten das mächtige Stadtschloß in Plön anstelle einer mittelalterlichen Burg und das Lustschlößchen in Traventhal, beide mit Gärten, die in Dimension und künstlerischer Aussage mittel- und süddeutschen Anlagen durchaus ebenbürtig waren. Mit ihrer Vollendung unter dem letzten regierenden Herzog Friedrich Carl war jedoch auch ihr Niedergang vorherbestimmt, da der kinderlose Fürst sein Ländchen dem dänischen König überschrieben hatte und dieser, nach dem Ableben des Herzogs im Jahre 1761, auf Dauer kaum gewillt sein konnte, die Unterhaltung solcher aufwendigen Residenzen weitab der Hauptstadt fortzusetzen.

Dies hatte der Gang der Dinge in dem seit dem Ende des Nordischen Krieges arg dezimierten und seinem Ende entgegengehenden Gottorfer Herzogtum schon deutlich gezeigt. Die Schlösser in Tönning und Tondern waren 1735 und 1750 dem Erdboden gleichgemacht worden, Husum 1752 seines Renaissanceschmuckes beraubt, Kiel zur selben

Zeit einsturzgefährdete Ruine, der berühmte Gottorfer Terrassengarten in stetem Verfall begriffen. 1773 wurde mit dem Vertrag von Zarskoje Selo die Vereinigung der Landesteile unter dänischer Krone vollendet. Fortan war die "Deutsche Kammer" im fernen Kopenhagen für die Verwaltung der Herzogtümer zuständig, die Residenzschlösser des Landes wurden nicht mehr gebraucht, bestenfalls zu Landratsämtern degradiert. Sie verödeten, ihr Inventar wurde abtransportiert, verschleudert oder verkam schlichtweg.

Das "Landesschloß" Gottorf etwa wurde während des 18. Jahrhunderts in mehreren Wellen ausgeräumt, Einrichtung, Kunstgegenstände, Kunstkammer, Bibliothek und Rüstzeug nach Kopenhagen verfrachtet. Das Zwischenspiel der Statthalterschaft Carls von Hessen (1767-1836) brachte vorübergehend einigen Glanz zurück, aber auch nur in bewohnte Partien des verödeten Gemäuers. Noch vor dem Verlust an Preußen wurden das Schloß zur Kaserne umfunktioniert, die Festungswälle geschleift sowie sämtliche historischen Gebäude auf der Schloßinsel abgebrochen und durch nüchterne Stallbauten ersetzt. Die preußische Militär-Bauverwaltung setzte das schnöde Werk fort und ließ unter anderem 1887 das große barocke Haupttreppenhaus herausbrechen.

Während so der Schloßbau im 18. Jahrhundert zum Erliegen kam, entstanden zur selben Zeit die bedeutendsten und schönsten Werke der Herrenhaus- und Gutsarchitektur. Ein Charakteristikum schleswig-holsteinischer Landeskultur ist ohne Zweifel die Gutslandschaft, besonders ausgeprägt wiederum in dem eiszeitlichen östlichen Hügelland. Die Entstehung der Gutslandschaft hat ihre Voraussetzung in der Ostkolonisation des hohen Mittelalters. Im Gefolge der Belehnung der Schauenburger Grafen mit der Grafschaft Holstein 1110/11 durch Kaiser Lothar von Supplinburg entwickelte sich die holsteinische Ritterschaft. Maßgeblich beteiligt an der praktischen Umsetzung der Kolonisationspolitik der Schauenburger in den bisher slawisch besiedelten

Gebieten jenseits des Limes Saxoniae, bildete sie dort zusammen mit dem altholsteinischen Bauernadel und aus Flandern, Niedersachsen und Westfalen zugewanderten Familien um die Wende zum 13. Jahrhundert einen neuen Lehnsadel. Etliche Familien dieses Uradels, die sich heute noch voller Stolz die "originarii" nennen, haben bis in die jüngere Vergangenheit die Gutslandschaft maßgebend mitgestaltet und -geprägt. Der Aufstieg des Adels ging einher mit entscheidenden Privilegierungen, die an den Besitz gebunden waren. Zugleich wurde der eingesessene Bauernstand zunehmend entrechtet bis hin zur gesetzlich untermauerten Leibeigenschaft ab der zweiten Hälfte des 16. Jahrhunderts.

Standes- und besitzrechtliche Voraussetzungen führten an der Ostküste des Landes zur Herausbildung des sogenannten "Adligen Gutes". Der Begriff umschreibt in erster Linie kein architekturgeschichtliches, sondern ein staats- und standesrechtliches Gebilde, das an die feudale Gutswirtschaft gebunden ist. Es beinhaltet politische, soziale, ökonomische und kulturelle Funktionen, die in der Ausprägung der Gutsanlagen mit all ihren spezifischen Erscheinungsformen bis hin zur Erschließung und Gestaltung der Landschaft anschaulich werden.

An Bauten ist aus den fernen Anfangszeiten dieser kurz skizzierten Entwicklung so gut wie nichts erhalten. Doch bezeugen zahlreiche, von Gräben umzogene Erdhügel in der Landschaft, sogenannte Motten, alte Burgenstandorte. Grund für diese mangelhafte Überlieferung ist, daß nach Erstürmung einer Burg während kriegerischer Auseinandersetzungen das Recht bestand, feste Bauwerke vollends abzubrechen, um einen schnellen Wiederaufbau zu verhindern und das stets knappe Baumaterial an anderer Stelle wiederzuverwenden. Die wenigen schriftlichen Quellen nennen als Wohnsitz des Ritters "castrum" und "curia", wobei ersteres die ritterliche Burg mit festem Haus und/oder Bergfried meint, letztere - soweit sich der sehr unterschiedlich genutzte Begriff eingrenzen läßt - eher einen Wirtschaftshof. Hierfür spricht die wiederholt vorkommende gemeinsame Erwähnung eines Ortes "cum castro et curia" (mit Burg und Hof).

In Ermangelung natürlich gesicherter Höhenplätze lag das Castrum in der Regel abseits von den Siedlungsplätzen, eine Wasserburg in sumpfiger Niederung, auf Halbinseln oder in künstlichen Stauungen von Fließgewässern. Die Curia als befestigter Hof lag aber im Dorfe oder in seiner unmittelbaren Nachbarschaft. Daraus folgt, daß eine Einheit von Wohnen und Wirtschaften ursprünglich zumindest nicht die Regel war. Über Strukturen mittelalterlicher Hofwirtschaften ist wenig bekannt. Das wenige ist auch nur formelhaft überliefert, wie etwa das in einer Verkaufsurkunde von 1345 genannte Pertinentien (Zubehör) eines Hofes "cum agris cultis et incultis" (was als bestellter Acker und Brache zu deuten ist). Dazu zählten auch Wiesen, Weiden, Sumpf, Buschwerk, Bäume, Sträucher, Gewässer, Flußläufe und Fischteiche. Aus dieser Aufzählung ist immerhin die vollständige Wirtschaftsweise erkennbar, bestehend aus Ackerbau, Viehwirtschaft, Holzwirtschaft und Fischerei.

Waren die Ritter bis zum Beginn des 16. Jahrhunderts als Schwertadelige hauptsächlich Grundherren, die von den Abgaben ihrer Pächter lebten, so vollzog sich von da an ein nachhaltiger Wandel zur Eigenwirtschaft. König Christian I. von Dänemark hatte der Ritterschaft im Vertrag von Ripen 1460 umfassende staatsrechtliche Privilegien gewährt, die im wesentlichen eine Autonomie der Herzogtümer, Befreiung von der Heeresfolge, Unabhängigkeit des Gerichtswesens, Münz-, Steuer- und Heimatrecht (Indigenatsrecht) umfaßten. 1524 kamen in den sogenannten Kieler Privilegien König Friedrichs I. entscheidende privatrechtliche Vorrechte hinzu: weitgehende Abgabenfreiheit und eine generelle Bestätigung der von den Rittern oft schon seit Jahrhunderten ausgeübten Hochgerichtsbarkeit, die den Rechtsgrund für die aufkommende Erbuntertänigkeit der bisher freien Pachtbauern bildete. In der Ermöglichung des Frondienstes lag eine ganz wesentliche Voraussetzung für die neuzeitliche Gutswirtschaft.

Das Streben zur Gutswirtschaft hatte letztlich handfeste ökonomische Gründe. Es intensivierte sich, als der Adel - noch unter dem letzten Schauenburger - begann, kaufmännisch zu denken. Er erkannte, daß im Umfeld und später im Ausland, insbesondere Westeuropa, ein steigender Bedarf an landwirtschaftlichen Produkten vorhanden war. Während die Preise im gesamten 15. Jahrhundert stagnierten, stiegen sie bereits im ersten Jahrzehnt des 16. Jahrhunderts gewaltig an: Korn verteuerte sich um 500-600%, Butter, ebenso Schlachtvieh um 400-500%. Der Adel trat in sein "Goldenes Zeitalter" ein, seine Besitzungen wurden mit einem Mal zu ungeahnten Wertobjekten. 1530 verkaufte Hartwig Rantzau den gleichnamigen Stammhof seines Geschlechtes für 6.500 Taler, 60 Jahre später kaufte der Statthalter Heinrich Rantzau dieses Gut für 59.000 Reichstaler zurück. Die im 16. Jahrhundert bedeutendste Adelsfamilie der Rantzaus war innerhalb zweier Generationen gleichsam aus dem Nichts zu einem Grundbesitz von 71 Gütern gekommen - 50 von ihnen sind auf dem um 1585 entstandenen Stammgemälde der Familie als Randleistenbilder wiedergegeben.

Das Interessante daran ist, daß Heinrich Rantzau seinen immensen Reichtum nicht nur seinen Einnahmen als königlicher Statthalter und Amtmann von Segeberg verdankte, sondern ebensosehr seinen wirtschaftlichen Unternehmungen. Auf seinen Gütern betrieb er nicht nur exportorientierte Landwirtschaft, sondern in großem Umfange auch frühindustrielle Produktion: Außer Korn- und Ölmühlen besaß er Säge- und Papiermühlen, Pulver- und Kupfermühlen.

Ohne Frage ist die Gutslandschaft als Kulturlandschaft einem ständigen Wandel unterworfen gewesen und ist es weiterhin. Als historische Kulturleistung ist sie noch heute zu großen Teilen durch die Veränderungen des 18. Jahrhunderts geprägt. Dies betrifft das Erscheinungsbild und die Differenziertheit der Architektur ebenso wie die Gestaltung der Landschaft. Hier ist eine wesentliche Schnittstelle in der zweiten Jahrhunderthälfte nach der Periode der Verkoppelung und nach Umwandlung der architektonischen in landschaftliche Gärten anzusetzen.

Betrachten wir die Gutslandschaft als Mikrokosmos, so sind dessen Kerne immer die Gutshöfe. Ihr Mittelpunkt wiederum ist das herrschaftliche Wohnhaus. Die Entwicklung der Herrenhäuser sei in wenigen Beispielen angedeutet.

Herrenhaus Nütschau von 1578

Am Anfang stehen das schlichte querrechteckige Einhaus ohne und mit Treppenturm mittig vor der Hoffassade, später die Vergrößerung im Doppelhaus, dem auch ein drittes und - selten - ein viertes hinzugefügt wurde. Erhaltene Beispiele sind das Doppelhaus **Wahlstorf** bei Preetz aus der ersten Hälfte des 16. Jahrhunderts und Heinrich Rantzaus 1578 errichtetes Dreifachhaus **Nütschau**. Baumaterial war - neben den eiszeitlichen Findlingen für das Quadermauerwerk der im Hausgraben stehenden Kellergeschosse - natürlich der Backstein, der in den gutseigenen Ziegeleien produziert wurde. Teuer importierter Haustein, seit dem Mittelalter zunächst überwiegend Kalkstein von den Ostseeinseln Öland und Gotland, später im 18. Jahrhundert hauptsächlich "Bremer Stein", also der in Bremen verladene Wesersandstein, zierte in sparsamer, aus Holland übernommener Manier Fassaden und Ziergiebel. Vielfach verwendet wurde Fachwerk, im 16. und 17. Jahrhundert wie andernorts die übliche, fast kann man sagen „Massen-Bauweise" auf dem Lande und in den kleinen und mittleren Städten. Im Herrenhausbau ist es heute kaum mehr erhalten, einziges Beispiel eines trotz Zu- und Umbauten weitgehend erhaltenen Fachwerkhauses des 16. Jahrhunderts ist

Brodau bei Neustadt. Klima, schlechter Baugrund und Reparaturanfälligkeit ließen die Häuser nicht lange überdauern, steigende Ansprüche der Gutsherren verlangten nach festen Häusern, die erheblich mehr Wohnkomfort boten.

Wandsbek bei Hamburg 1568 und **Redingsdorf** in Ostholstein zehn Jahre später wurden beide von Heinrich Rantzau errichtet. Als Dreiflügelanlagen dokumentierten sie westeuropäischen Einfluß und stehen am Ende der Bauentwicklung in diesem Jahrhundert. Rantzau im Kreis Plön von 1592, in seiner ursprünglichen Erscheinung vom Erbauer hochgerühmt und in eitler Selbstgefälligkeit italienischen Vorbildern gleichgestellt, war sicherlich einer der letzthin bescheidenen Höhepunkte dessen, was sich im Laufe des 16. Jahrhunderts als Renaissance-Architektur im ländlichen Raum aus der Burg und dem Wohnturm des Mittelalters entwickelt hatte.

Das Jahrhundert von 1620 bis 1720 war geprägt von kriegerischen Auseinandersetzungen, die in den schwer leidenden Herzogtümern zu Stillstand und Rückschritt führten. Einfluß und Macht der Stände hatten nach dem Tode Heinrich Rantzaus 1598 ihren Zenit überschritten und wichen einer zunehmenden Vormachtstellung der Landesherren. Das wenige, was der Adel in dieser Zeit auf dem Gebiet der Herrenhaus-Architektur zustande gebracht hat, griff durchweg auf Früheres zurück, so waren **Jersbek** in Stormarn 1620 und **Wensin** bei Segeberg 1642 Doppelhäuser. Nach dem Ende des Nordischen Krieges 1721 kamen neue Einflüsse zum Tragen. Im sogenannten "Backstein-Barock" vereinigen sich internationale Tendenzen mit heimischen Traditionen, die immer von Zurückhaltung, um nicht zu sagen von Mangel, geprägt waren. **Steinhorst** im Lauenburgischen 1722 und **Güldenstein** in Ostholstein 1728 sind im Erscheinungsbild typenprägend für das gesamte 18. Jahrhundert. Die klassische barocke Fassadenarchitektur wird im ländlichen Backsteinbau in einer nüchternen, aber fein nuancierten Reliefbildung

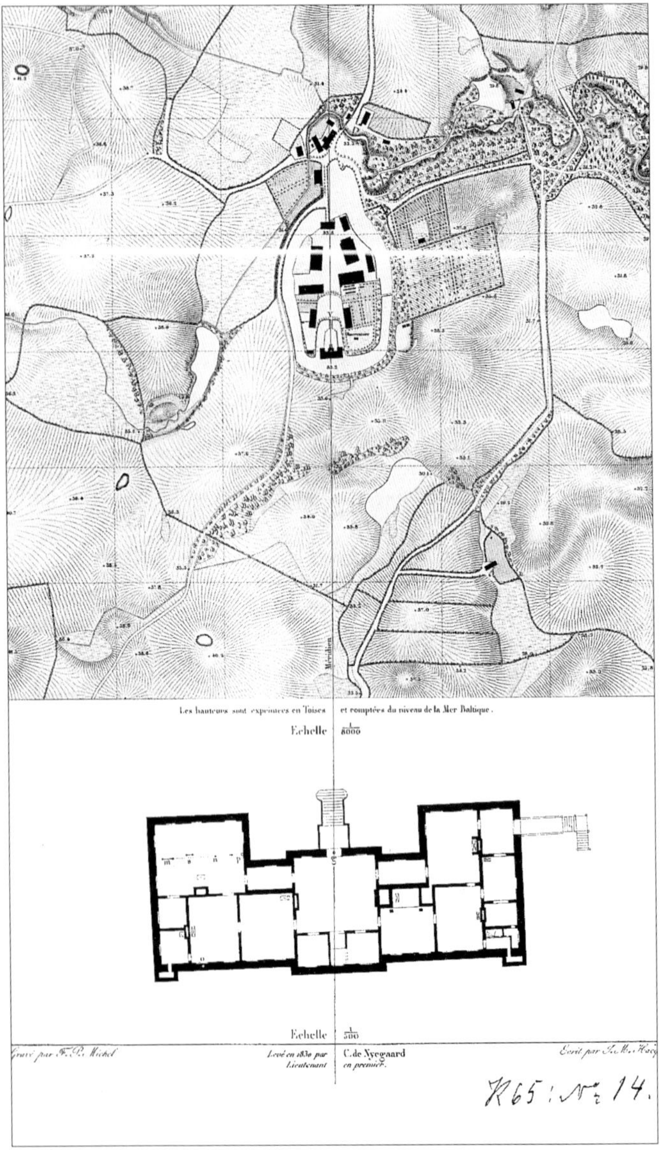

Güldenstein, Lageplan des Gutes und Grundriß des Herrenhauses, 1830

umgeformt. Die Gutsanlage insgesamt wird hierarchisch und symmetrisch gegliedert: Torhaus und Herrenhaus treten in eine Achse, an der links und rechts die großen Wirtschaftsgebäude, die Stallungen und Kavaliershäuser liegen. Eines der schönsten Beispiele zeigt **Hasselburg** bei Neustadt. Der Klassizismus, im Herrenhausbau um die Wende vom 18. zum 19. Jahrhundert insbesondere mit dem Namen des Kopenhagener Oberbaudirektors Christian Frederik Hansen (1756-1845) verbunden, bricht, wo es möglich ist, das starre barocke Bezugsschema der Gutsanlage auf und setzt das Wohnhaus seitab des Wirtschaftshofes in die Landschaft.

Herrenhaus Perdöl, Gartenseite

Perdöl westlich von Plön, ein vollständiger Neubau von 1798, lag abgesondert am Ufer eines Sees, quer zur Hofachse. Ähnlich verhielt es sich mit dem nahegelegenen, etwa gleichzeitig entstandenen **Bundhorst**, das jedoch völlig auf den umgebenden Landschaftspark bezogen war und in seinem intimen Charakter mehr Hansens Landhäusern in den Elbvororten glich, als dem althergebrachten holsteinischen Herrenhaus. Den Boden für diesen Wandel maßgeblich bereitet hatte schon seit den 1780er Jahren ohne Zweifel die sogenannte "Gartenrevolution" des Kieler Gartentheoretikers Christian Cay Lorenz Hirschfeld, kurz gesagt: die Hinwendung zum Landschaftsgarten nach englischem Vorbild.

Das 19. Jahrhundert bringt nach dem abrupten Ende des Klassizismus Bauten wie die **Blomenburg** und das überdimensionale **Salzau** hervor, die in ihrer Architektur auf Stilmittel früherer Epochen zurückgreifen. Am Ende der Entwicklung stehen in unserem Jahrhundert **Hemmelmark** und das nur in seinen Wirtschaftsgebäuden realisierte **Garkau** für Tendenzen, die sich endgültig von der baulichen Tradition auf den Gütern lösen.

Hemmelmark, Herrenhaus von 1904

Die zweite wesentliche Komponente der klassischen Gutsanlage - eine der Grundlagen seiner Existenz - ist der Bauhof mit den mächtigen reetgedeckten Wirtschaftsgebäuden, die in zwei unterschiedlichen, funktionsbedingten Haupttypen auftreten: den Scheunen zur Unterbringung von ungedroschenem Korn und den Viehhäusern zur Aufstallung des lebenden Inventars.

Der jeweiligen Nutzung entspricht die differenzierte Gliederung des Inneren, die bei beiden Typen aus einer komplizierten und zugleich kunstvollen Ständerkonstruktion besteht. Vorherrschende Bauweise der Wirtschaftsgebäude war zunächst ausschließlich das Fachwerk mit tragendem, drei- bis fünfschiffigem Innengerüst unter riesigen, bis zu mehreren tausend Quadratmeter großen Reetdächern. Um die Wende zum 18. Jahrhundert deuten die Scheunen von 1697 und 1706 auf dem Gut **Schmoel**, zum ersten Mal massiv gemauert, auch bei den Wirtschaftsgebäuden einen Wandel zu mehr Monumentalität an.

Paradebeispiele für den Anspruch, die gesamte Hofanlage einheitlich nach barockem Verständnis und im Sinne einer ländlichen Residenz durchzugestalten, sind die Hofgebäude des aus Schweden gebürtigen Eutiner fürstbischöflichen Baumeisters Rudolph Matthias Dallin auf **Rastorf** im Kreis Plön, errichtet 1723 bis 1729. Torhaus, Scheunen und Kavaliershäuser sind einheitlich mit schmuckvollen, blendengezierten Schweifgiebeln ausgestattet. Eine Strecke Weges von hier liegt Dallins gewaltiges Scheunenensemble von **Rixdorf**, geschaffen 1726 bis 1737.

Die Tradition der großen Hofscheunen wurde bis in die zwanziger Jahre unseres Jahrhunderts aufrecht erhalten. Ein Hauptgrund für die so lange fortgeführte Bautätigkeit war die Brandanfälligkeit der riesigen Reetdächer, die immer wieder bis in die jüngste Vergangenheit zur Einäscherung und anschließender Erneuerung kompletter Hofensembles führte.

Entree der Gutsanlage ist das Torhaus. Torhäuser, wie **Seedorf** von 1593, sind aus der Tradition der befestigten Burgen des späten Mittelalters im Laufe des 16. Jahrhunderts zu eigenständigen Bauformen entwickelt worden, verlieren jedoch spätestens mit der Erstürmung der Breitenburg bei Itzehoe, dem Hauptsitz der Rantzaus, 1627 ihren fortifikatorischen

Ehlerstorf, Torhaus von 1921

Sinn. Später dient das Torhaus rein wirtschaftlichen Zwecken als Remise, Speicher, Gutsverwaltung und Gefängnis, aber auch als Wohnhaus für Bedienstete. Vorherrschend wird im 18. Jahrhundert sein Repräsentationszweck, nur dieser erklärt den architektonischen Aufwand, der bisweilen den des Herrenhauses übertrifft, wie etwa in **Hasselburg** 1763. Die Heimatschutzarchitektur zu Beginn des 20. Jahrhunderts, die sich besonders im ländlichen Bereich sehr stark engagiert, nimmt Tendenzen des Backstein-Barock wieder auf, kommt dabei aber auch zu eigenwilligen Lösungen, wie dem bogenförmigen **Ehlerstorfer** Torhaus von 1921.

Die vielen Nebenformen der Wirtschaftsgebäude sind durchweg aus den genannten Haupttypen abzuleiten. Zur Lagerung des Getreides gab es Weizenscheunen ebenso wie Roggen-, Gersten- und Haferscheunen. Viehhäuser waren gesondert für alle Tierarten vom Großvieh bis zum Federvieh, dazu Taubenhäuser, Volieren für Jagdvögel, Bienenhäuser. Die Gutsschmiede dient seit alter Zeit dem Beschlagen der Pferde und der Reparatur der Acker- und Gartengeräte.

Eine Besonderheit schleswig-holsteinischer Gutswirtschaft bildeten die in einer gewissen Distanz zum Gut gelegenen Holländereien. Aus der mittelalterlichen Ochsenmast entstand seit dem Beginn des 17. Jahrhunderts die wesentlich arbeitsintensivere Milchwirtschaft, die in den Anfängen hauptsächlich an Holländer verpachtet wurde. Holländereien, kombinierte Wohn- und Wirtschaftsgebäude mit ihren charakteristischen Göpelschauern, aus denen die späteren Gutsmeiereien hervorgingen, waren zahlreich, stehen aber heute nur noch in wenigen Beispielen, etwa in **Waterneverstorf** (1777) und **Stendorf** (um 1825).

Wie oben erwähnt, betrieb Heinrich Rantzau im 16. Jahrhundert auf seinen Besitzungen eine umfangreiche Mühlenindustrie. Wind- und insbesondere Wassermühlen bildeten seit jener Zeit einen wesentlichen Bestandteil der Gutswirtschaft, ebenfalls seit damals bestand auch der

Mühlenzwang, der erst im Jahre 1854 aufgehoben wurde. In der Wassernähe der allermeisten älteren Güter bestanden ideale Voraussetzungen für die Gewässerstauung und die Anlage von Wassermühlen. Sämtliche Techniken, die sich durch Bewegungsabläufe mechanisieren ließen, waren neben dem Kornmahlen mit Mühlen auszuführen: Hämmern, Sägen, Schleifen, Bohren, Wasserpumpen und Bewässern. Die zahlreichen Seen, Teiche und Staugewässer wurden darüber hinaus schon immer für eine intensive Fischwirtschaft genutzt.

Die Quellen zur Gutswirtschaft des 17. und 18. Jahrhunderts fließen zumeist nur spärlich. Aus der Überlieferung des 19. Jahrhunderts wissen wir von zahlreichen Unternehmungen auf den Gütern. Bis auf die schon erwähnten Ziegeleien hatten etwa Glashütten, Fayencemanufakturen, Köhlereien, Brennereien, Brauereien und Weinbau zumeist aber keinen langen Bestand.

Eine große Zahl an Menschen - Leibeigene, später Arbeiter in Lohn und Brot - war nötig, den Betrieb der Gutswirtschaft aufrechtzuerhalten. Noch in der Nachkriegszeit, unmittelbar vor Beginn der nachhaltigen Mechanisierung auf den Gütern, ging die Einwohnerschaft eines größeren Gutes in die Hunderte. Diese Menschen wohnten außerhalb des Gutshofes in Gutsdörfern, auf Einzelstellen oder in den sogenannten Vorstädten. Vorstädte nennt man die unmittelbar vor dem Gut liegenden Insten- bzw. Landarbeitersiedlungen, wie etwa am **Gut Rixdorf**. Deren Häuser stammen wie die des heute noch gutseigenen Dorfes Bellin am Selenter See aus dem 18. und 19. Jahrhundert. Weitere Beispiele von Vorstädten aus jener Zeit finden wir in **Seegalendorf**, Kreis Ostholstein, und **Rundhof** in der Landschaft Angeln.

Waabs, früheres Gutsdorf des nahegelegenen **Ludwigsburg** in Schwansen, ist ein Beispiel für die ebenfalls zum sozialen Gefüge der Güter zählenden Landkirchen. Sie wurden von den Gutsherren als örtli-

Seegalendorf, Torhaus um 1730

chen Kirchenpatronen instandgehalten und vielfältig ausgestattet. Gutslogen, Altäre, Epitaphien, Kanzeln und Familiengrüfte bieten bis heute ein reichhaltiges Bild dieser Vergangenheit.

Gärten und gestaltete Landschaft sind neben den Baulichkeiten die gleichrangigen Elemente der hier beschriebenen Kulturlandschaft. Wenn menschliche Kulturleistung den Charakter dieser Landschaft bestimmt, so ist es zunächst auch so, daß die individuelle Landschaft mit ihren speziellen Eigenschaften, klimatischen Verhältnissen und natürlich vorkommenden Rohstoffen diese Leistung bedingt. Bis in das 17. Jahrhundert sind die holsteinischen Gutshöfe mit ihren Äckern und Wiesen Rodungsinseln in einer Waldlandschaft, die sich zwar im Laufe der Jahrhunderte ausdehnten, aber ohne strukturellen Bezug untereinander blieben. Erst im 18. Jahrhundert findet dann eine Verdichtung statt: Der Totalcharakter der Landschaft wird jetzt in einer Weise geformt, daß wir sie aus heutiger Sicht als Kulturlandschaft bezeichnen mögen. Wie sah diese Verdichtung aus?

In der zweiten Hälfte des 18. Jahrhunderts begann man mit der Verkoppelung und Drainierung. Vorher hatte auf den Feldern, infolge des bis dahin festzustellenden Vorranges der Viehwirtschaft, immer noch eine Art Naturzustand bestanden. Umfangreicher Baumbestand war zum Beispiel Voraussetzung für eine ergiebigere Viehmast. Die Bestellung solcher Flächen, die noch dazu von Gewässern unterbrochen waren, muß unvorstellbar mühsam und unproduktiv gewesen sein. Gutskarten aus der ersten Hälfte des 18. Jahrhunderts, wie etwa die von Rixdorf um 1740, können dieses Phänomen verdeutlichen: Die Felder sind schon zu größeren Schlägen zusammengefaßt, die jedoch noch von zahllosen eiszeitlichen Teichen zergliedert sind. Bei näherem Hinsehen entdeckt man etliche bereits trockengelegte Überschwemmungsflächen.

Eine systematische Auswertung der Gutskarten des 18. Jahrhunderts unter kulturlandschaftlichen Aspekten ist bisher kaum geschehen. Sie könnte unseren Wissensstand erheblich verbessern. Insbesondere im Hinblick auf die Gartenanlagen wären neue Erkenntnisse möglich, da die Gärten in der Regel sehr genau im Grundriß wiedergegeben sind. Dies ist besonders dann wichtig, wenn sonst kein Planmaterial vorliegt. Ähnlich ist die Situation bei dem wichtigen Aspekt der Verkehrsgeschichte der Güter. Ihre in den meisten Fällen seit dem Spätmittelalter unveränderte Lage fernab der städtischen Zentren, seinerzeit ausgewählt nach strategischen Gesichtspunkten, bedeutete bis in die erste Hälfte des 19. Jahrhunderts eine massive Behinderung für den Güterverkehr neuzeitlicher landwirtschaftlicher Großbetriebe von oft einigen tausend Hektar Fläche. Hinzu kam, daß bei solchen Größenordnungen, den damit verbundenen Wegstrecken und den miserablen Wegeverhältnissen eine zentrale Bewirtschaftung gar nicht mehr möglich war, was zur Gründung zahlreicher Meierhöfe geführt hatte.

Koppelwirtschaft mit bereinigten, klar umrissenen Flächen, die durch Knicks, das sind bepflanzte Stein- oder Erdwälle, begrenzt werden, sowie Drainierung, Mergelung, also bessere Düngung, schaffen im Zusammenwirken mit einer allerdings raubbauartig betriebenen Zurückdrängung der Waldflächen innerhalb weniger Jahrzehnte ein radikal verändertes Bild. Hinzu kommt eine allmähliche Verbesserung des Straßen- und Wegenetzes, die einhergeht mit der systematischen Anlage von Alleen. Bevorzugt wurden hierfür Eichen und Kastanien, seltener Obstbäume. In jener Zeit entstanden die eindrucksvollen, oft kilometerlangen Zufahrtsalleen zu den Gütern, die überwiegend aus Linden bestehen. Linden, weil sie sich am besten und noch im Geiste des architektonischen Gartens beschneiden ließen. Diese Alleen greifen als Herrschaftsattitüde weit ins Land hinaus - ein Eindruck, der keineswegs gemindert wurde, als man die Bäume in Zeiten des Landschaftsgartens in die Höhe schießen ließ.

Es bedarf noch, auf eine kurze Formel gebracht, des Gartens und der Hirschfeldschen Gartenrevolution, um das Bild abzurunden. Ein Vergleich des Breitenburger Renaissancegärtleins von 1590 mit dem üppigen Jersbeker Barockgarten von 1740 zeigt eindringlich eine Entwicklung, die mit der gerade aufgezeigten grundsätzlich identisch ist: vom eng begrenzten und abgeschotteten Geviert auf frisch kultivierter Rodungsfläche zur raumgreifenden Anlage nach französischem Vorbild. Diese reicht - eingebettet in die Gutsländereien - mit ihrer Hauptachse weit darüber hinaus in die Landschaft, bis zu einem entfernten Jagdpark, um sich hinter einem Obelisken als point de vue

(Blickpunkt) scheinbar am Horizont zu verlieren. Damit wird erstmals ein bewußt künstlerischer Ansatz sichtbar, Landschaft zu erfassen und in Kulturlandschaft umzugestalten.

Die Hinwendung zum Landschaftsgarten geht weit darüber hinaus. In dem Moment, als die Natur zum Vorbild des gestalteten Gartens wird, die Grenzzäune zwischen natürlichem und künstlerisch gestaltetem Bereich nicht nur durchlöchert, sondern beseitigt werden, muß die Natur selbst ins Blickfeld geraten. Sie wird zum Bild, in das sich alle gartenkünstlerischen Bestrebungen gewissermaßen zwanglos einfügen. Und da der Mensch immer eine Theorie für sein praktisches Handeln braucht, erfindet er die "ornamented farm". Auf ihr sind, einige Jahrzehnte vor William Morris' literarischen Utopien, Kunst, Kultur und Arbeit, Herr und Knecht friedlich vereint und ästhetisch überhöht. Sie wirken gemeinsam an dem, was schon damals bewußtes Ziel war: Kultur-Landschaft.

Ob die Bestrebungen des Altonaer Kaufmanns und Gutsbesitzers Caspar Voght in Klein Flottbek vor Hamburg Auswirkungen auf Holstein gehabt haben, ist zu vermuten, aber bisher nicht erwiesen. In Nehmten und Neudorf entstanden nach 1800 Anlagen, die die Vermutung bestätigen könnten. Von Neudorf heißt es, es sei 1821 als „ornamented farm" umgestaltet worden. Wie dem auch sei, als Idee ist sie zeittypisch und kann auf alle Fälle dazu dienen, das Bild der holsteinischen Gutslandschaft als Kulturlandschaft zu vervollständigen. Dieses Bild verdichtet sich noch heute in einigen Bereichen besonders, so im Tal der Kossau. Hier reihen sich von der Quelle bis zur Einmündung in den Großen Binnensee und anschließend in die Ostsee große Güter nahtlos aneinander. Ihre Parklandschaften werden von dem unregulierten Flüßchen malerisch durchzogen, einige Wassermühlen mit ihren Wehren vervollständigen das Bild. Eindrucksvoll ist auch die Gutslandschaft um den Plöner See. Sie faszinierte schon den mehrfach genannten Heinrich

Rantzau als nur entfernten Anrainer des Sees und Zulieferer für das Braun-Hogenbergsche Städtebuch so nachhaltig, daß er den Plön-Stich etwas willkürlich zugunsten der Darstellung seines Stammgutes Rantzau umgewichten ließ.

Wir sind heute geneigt, die holsteinische Gutslandschaft immer noch mit den Augen Hirschfelds zu sehen, der in Band V seiner "Theorie der Gartenkunst" von 1785 schrieb: „Der weite Umfang und die Fruchtbarkeit der Landgüter, der Reichthum ihrer Besitzer, die Schönheit der Wälder und Wiesen, die Abwechselung der Seen, der Teiche, der Hügel und beträchtlichen Weiden, alles dieß bietet sich zu den trefflichsten großen Anlagen und einzelnen Verschönerungen an. [...] Fruchtbare Felder wechseln mit Wäldern, mit Weiden und hellen Seen ab, worinn sich die kleinen Hügel und die Gebüsche spiegeln, die überall die Flächen unterbrechen."

Oberflächlich gesehen, stimmt das Bild noch in erstaunlichem Maße. Auf den zweiten Blick hat sich vieles verändert. Die Änderungen sind komplex und vielschichtig. Sie bedrohen diese Kulturlandschaft von innen heraus und werden ihr von außen aufgezwungen. Die inneren betreffen die strukturellen Probleme der Gutsanlagen als Denkmallandschaft, die ursächlich zusammenhängen mit denen der Landwirtschaft im allgemeinen. Auf den Punkt gebracht heißt das: Die moderne Gutswirtschaft kann unter Kostengesichtspunkten eine denkmalpflegerisch befriedigende Erhaltung dieser Denkmallandschaft nicht mehr gewährleisten. Das führt zu Abbrüchen, mindestens zur Gefährdung ganzer Denkmalgruppen, die in der heutigen Landwirtschaft überflüssig geworden sind und nicht mehr genutzt werden. Man denke vor allem an die großen Gutsscheunen, die sich nur in Einzelfällen, dann in der Regel auch nur unter Verlust von Denkmalsubstanz, umnutzen lassen. Verkäufe an Privatpersonen, meist unter Trennung vom Wirtschaftsbetrieb, haben bisher in kaum einem Fall zu einer langfristig befriedigenden Perspektive geführt.

Äußere Veränderungen betreffen häufig "nur" das Erscheinungsbild der Landschaft, sind aber nicht weniger nachhaltig, weil irreversibel. Es sind dies die Dezimierung der Knicklandschaft und das Zuschieben der letzten eiszeitlichen Toteiskuhlen als Folge der "Industrialisierung" der Landwirtschaft. Es ist die umfassende Veränderung von Straßenführungen: Straßen verbinden nicht mehr, sondern zerteilen Landschaften. Es sind die Planierungen des gewachsenen Landschaftsprofils durch Kiesabbau bis zur Aufstellung von Windkraftanlagen, die längst keine alternativen Instrumente zur Energieerzeugung mehr sind, sondern reine Abschreibungsobjekte.

Die Untersuchungen des früheren Landeskonservators von Schleswig-Holstein, Peter Hirschfeld, zu den Herrenhäusern konzentrierten sich auf Kunst- und Kulturgeschichte dieses bedeutendsten profanen Denkmälerbestandes im Lande. Seine eng gefaßte Betrachtungsweise hatte selbstverständlich Auswirkungen auf die Inventarisation und die praktische Denkmalpflege, die in der Vergangenheit oft zu selektiv vorging und sich am Einzeldenkmal orientierte, während links und rechts die sinngebenden Strukturen oft unbeachtet wegbrachen.

Der kulturlandschaftliche Ansatz, der in allen Teilaspekten auch erst herauszuarbeiten ist, ermöglicht es, diese Strukturen und ihre Zusammenhänge zu erfassen und in ihrer Bedeutung für den zitierten Totalcharakter der Denkmallandschaft zu begreifen. Es zeigt sich, daß von den etwa 300 mittelalterlichen Gütern des Landes eine vergleichsweise sehr hohe Zahl in der eiszeitlich geprägten Hügellandschaft Ostholsteins gewissermaßen Tür an Tür liegt. Die Gutsherren des 19. Jahrhunderts verinnerlichten diese Situation auf die ihrer Zeit gemäße Weise: Als der Landgraf von Hessen auf Gut Panker im Jahre 1839 einen Aussichtsturm erbauen ließ, antwortete ihm Otto Blome auf Salzau kurze Zeit später - und in Sichtweite - mit der Errichtung der Blomenburg. *(La)*

Der Hessenstein bei Panker

SCHLOSS GLÜCKSBURG

Das Wasserschloß ist Mittelpunkt einer parkartigen Erholungslandschaft südlich der Flensburger Außenförde. Als ein Hauptwerk der Renaissancebaukunst in Schleswig-Holstein mit einer reichen, qualitätvollen Ausstattung aus mehreren Jahrhunderten gehört es einschließlich der Nebengebäude und gärtnerischen Anlagen zu den größten kulturellen Anziehungspunkten unseres Landes. Von einer Stiftung unterhalten, ist es als Museum zugänglich und wird darüber hinaus für kulturelle Veranstaltungen genutzt. Im Keller befindet sich eine Gastronomie.

Das Schloß erhebt sich unmittelbar aus dem weitflächig angestauten Schloßsee, in dem es sich als Putzbau in strahlendem Weiß vor dunkler Waldkulisse spiegelt. Landseitig vorgelagert ist auf künstlicher Insel der Schloßvorhof mit Torhaus, Kavaliershaus und Wirtschaftsgebäude. Zwei Dämme, die Brücken ersetzen, stellen die Verbindung des Vorhofs mit dem Schloß und mit dem Seeufer her. Am nördlichen Seeufer erstreckt sich der Schloßgarten mit modernem Rosarium.

Die Schloßanlage wurde 1583 bis 1587 für Herzog Johann den Jüngeren von Schleswig-Holstein-Sonderburg-Plön (1545-1622) von dem Flensburger Baumeister Nikel Karies erbaut. Der dritte und jüngste Sohn König Christians III. von Dänemark hatte 1564 durch Landesteilung ein kleines zersplittertes Territorium erhalten, das im Herzogtum Schleswig die Inseln Alsen, Aerö und die Halbinsel Sundewitt umfaßte, in Holstein die Ämter Plön und Ahrensbök. 1582 kamen durch Erbgang die landreichen säkularisierten Zisterzienserklöster des 13. Jahrhunderts, Reinfeld bei Lübeck und Rüdekloster im

Wasserschloß Glücksburg und landschaftliche Umgebung

nördlichen Angeln, hinzu. Beide ließ der Herzog kurzerhand abbrechen und an ihrer Stelle die Schlösser Glücksburg und Ahrensbök errichten. Erhalten blieb nur Glücksburg. Die ausgedehnte erfolgreiche Landwirtschaft des Rüdeklosters, dessen Reste 1962 im Schloßsee gefunden wurden, bildete den Grundstock für einen großen gutswirtschaftlichen Betrieb des Herzogs. Sein Wahlspruch "Gott gebe Glück und Gedeihen", der sich im Namen seines Hauptschlosses andeutet, bezog sich auf seine äußerst geschäftstüchtige unternehmerische Tätigkeit, in der er dem gutsbesitzenden Adel in den Herzogtümern nicht nachstand. Die zahlreichen Räume des Schlosses dienten einer großen Familie, denn der Herzog hatte aus zwei Ehen 12 Töchter und 11 Söhne. Sie und ihre Nachfahren trugen durch eheliche Verbindungen dazu bei, daß Glücksburg "die Wiege der europäischen Königshäuser" wurde.

Das Schloß blieb bis zur schleswig-holsteinischen Erhebung 1848, während der es von dänischen Truppen verwüstet wurde, im Besitz der Nachfahren des Herzogs. Danach wählte es König Friedrich VII. von Dänemark zu seiner Sommerresidenz und ließ es neu ausstatten. Er starb hier am 15. November 1863. Im Jahr darauf griff der Deutsche Bund in die strittige Scheswig-Holstein-Frage militärisch ein. Glücksburg wurde Hauptquartier des Prinzen Carl von Preußen, dann Lazarett und schließlich preußische Kaserne. Ein zweites Mal ging die gesamte Ausstattung verloren. 1869 gab der preußische König den Besitz an das herzogliche Haus zurück. Die heute vorhandene reiche Ausstattung mit Möbeln und Kunstschätzen wurde aus Familienbesitz eingebracht. Sie stammt zum Teil aus anderen Schlössern in Schleswig- Holstein, insbesondere aus Schloß Gottorf.

Der **Schloßbau**, der uns heute in seiner Wuchtigkeit so urtümlich erscheint, wirkte zur Zeit seiner Erbauung äußerst modern. Reisende sprachen begeistert vom "italienischen Stil". Doch wurden eher Anregungen aus der französischen Schloßbaukunst Königs Franz I. aufgegriffen, dessen Hofhaltung wie später die Ludwigs XIV. für die Residenzen Europas vorbildlich war. Sie zeigen sich vor allem im geometrischen Prinzip der Grundrißgestaltung und im Wohnkomfort.

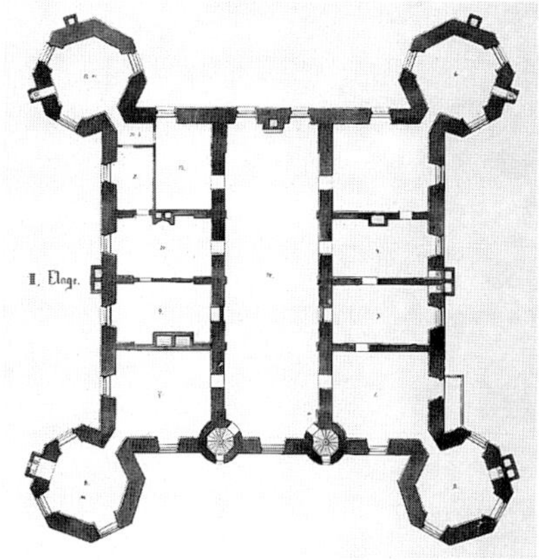

Grundriß des Obergeschosses

Der **Baukörper** ist über annähernd quadratischem Grundriß dreigeschossig mit vier stämmigen, achtseitigen Wohnpavillons in Gestalt gedrungener Ecktürme ausgebildet. Er wird von drei parallelen ziegelgedeckten Satteldächern abgeschlossen, von denen das mittlere einen luftigen Dachreiter trägt. Ein gut gefügter Granitquadersockel mit Schießscharten und die ursprünglich wie eine Burg zinnenbewehrten Ecktürme, die heute durch schiefergedeckte Zeltdächer geschützt werden, drückten demonstrativ Wehrhaftigkeit aus. Dieser war die Eleganz geschweifter, im 19. Jahrhundert begradigter Hauptgiebel und Giebel von vier Zwerchhäusern an den Traufseiten wirkungsvoll entgegengesetzt. Letztere wurden 1835 abgebrochen und 1906/07 durch schlichte ersetzt. Das im 19. Jahrhundert vereinfachte Schloßportal liegt in der Mittelachse der Ostseite. Es wird von zwei halbrund aus der Wand vortretenden Treppentürmen flankiert. Dieses Motiv leitet sich in Verbindung mit der ursprünglichen fünfbogigen Granitquaderbrücke von dem Jagdschloß Chenonceau des französichen Königs Franz I. her. Über dem Portal befindet sich eine verwitterte Bauinschrift mit dem Datum 1582 und den Wappen des Bauherrn und dessen beider Gemahlinnen.

Das **Innere** ist dreischiffig unterteilt (vgl. Schloß Ahrensburg). In der Mitte liegen drei durchgehende Säle übereinander, von denen seitlich Wohnappartements abgehen. Im Erdgeschoß und Keller wird der mittlere Saal jedoch durch die am Ende querliegende Schloßkapelle verkürzt. Im Keller, Erd- und Hauptgeschoß (Roter Saal) werden die Räume mit tief ansetzenden Tonnen- und Stichkappengewölben überspannt. In den Wohngeschossen werden sie durch Stuckbänder in Felder gegliedert und mit stukkierten Rosetten, Engelsköpfen und gemodelten Figürchen geschmückt. Die geräumigen Turmzimmer mit bezaubernden Landschaftsausblicken haben achtteilige Kappengewölbe.

Die von der Eingangsdiele zugängliche **Schloßkapelle** ist durch Keller und Erdgeschoß geführt. Ihr Zugang und die einheitliche Ausstattung mit Gestühl, Westempore, Logen und Kanzelaltar im Osten wurden 1717 neu gestaltet. Von einer älteren Ausstattung erhalten blieben im Kanzelaltar das reich geschnitzte Rahmenwerk eines nach 1635 entstandenen Altaraufsatzes des Flensburgers Claus Gabriel und eine Holztaufe mit bizarrem Laternendeckel vom selben Meister.

Die Einrichtung der Repräsentations- und Wohnräume vermittelt den Eindruck tradierter Wohnkultur. Die Möbel stammen zumeist aus der Zeit zwischen Rokoko und Biedermeier. Besonders hervorzuheben ist im **Weißen Saal** des obersten Geschosses die neunteilige Gobelin-Serie "Fin de Teniers", Bauernszenen nach Darstellungen des niederländischen Malers David Teniers II. (1610-1690) aus einer Brüsseler Manufaktur um 1740. Das östliche Eckzimmer desselben Geschosses enthält Ledertapeten, die vermutlich gegen 1670 in der Werkstatt Vermylen in Mecheln geschaffen wurden. Ornamentale Pressungen mit Gold- und Silberauflagen verbinden sich mit buntfarbig gemalten Szenen des Landlebens und der Jagd nach zeitgenössischen Stichvorlagen. Im nordöstlichen Eckzimmer befindet sich eine Wandbespannung mit Szenen aus den Türkenkriegen als Gobelin-Ersatz nach 1731. Unter den

Glücksburg, Roter Saal

zahlreichen Porträtgemälden vor allem des Oldenburger Hauses finden sich Werke von hoher Qualität. Sehenswert ist eine Sammlung Militaria aus der Zeit der Schleswig-Holsteinischen Erhebung 1848/50 und des Deutsch-Dänischen Krieges 1864.

Die **Gebäude des Vorplatzes** wurden im 17. und 18. Jahrhundert erneuert. Das Obergeschoß des Kavaliershauses mit Zwerchgiebeln in Anlehnung an das Schloß entstand 1857. Anstelle eines 1717 abgebrannten Wirtschaftsgebäudes an der Ostseite pflanzte man eine doppelte Baumreihe.

Der **Garten** unmittelbar am Nordufer des Schloßsees wurde 1733 neben einer Anlage von 1706-09 geschaffen, die dann als Küchengarten diente und heute als Rosarium gestaltet ist. Eine steinerne Brücke verband den Garten mit dem Schloßvorplatz. Dort standen einst die beiden Wappenhalterlöwen vor dem Schloß. Von diesem Garten haben sich nach mehrfacher Umgestaltung im Landschaftsstil die Randalleen erhalten. Er war auf das klassizistische **Orangenhaus** ausgerichtet, das 1827 von Bauinspektor Wilhelm Friedrich Meyer in der erhaltenen spätklassizistischen Form erneuert wurde.

(Ha)

SCHLOSSMUSEUM

BESICHTIGUNG/ÖFFNUNGSZEITEN:

Mai - Sept. täglich 10 - 17 Uhr

Okt. ebenso April bis 16.30 Uhr, aber montags geschlossen

Nov. - März nur am Wochenende 10.30 - 16 Uhr

RESTAURANT/CAFÉ:

Schloßkeller Tel. 046 31/ 38 58

ANSCHRIFT/TEL.:

Museumsverwaltung · Schloß · 24960 Glücksburg

Tel. 046 31/ 22 43

Gut Damp

Selten präsentiert sich ein schleswig-holsteinischer Adelssitz in einer Geschlossenheit wie Damp, mit dem vierhundertjährigen Herrenhaus, einem ganzen Ensemble urtümlicher, reetgedeckter Scheunen und dem vorgelagerten Torhaus. Das Ganze wird umschlossen von intakten Hofgräben, hochgewachsenen Alleen und einem weitläufigen Park, der in die Feldmark überleitet. Berühmt ist das im Kern der Renaissance entstammende Herrenhaus für seine einzigartige barocke Eingangshalle, die in ihrer prächtigen Ausstattung mit Treppe, Galerie, Orgelprospekt und figurenreicher Stuckdecke mehr einem Festsaal gleicht.

Gut Damp liegt unweit der Ostsee an der Durchgangsstraße zu dem gleichnamigen, 1972 eröffneten Urlaubs- und Kurzentrum im Herzen der von zahlreichen großen Gütern geprägten Landschaft Schwansen - trotz der Nachbarschaft zu einem Ort des Massentourismus fast abgeschieden und ruhig, eingewachsen in alte Buchen- und Eichenbestände.

Im Vergleich zu anderen Gütern in Schleswig-Holstein sehen wir in Damp besonders früh einen landwirtschaftlichen Großbetrieb mit Vorstellungen einer ländlichen Kleinresidenz verbunden. An der Verwirklichung waren mehrere der alteingesessenen Adelsfamilien und zahlreiche Generationen beteiligt, wie den überlieferten Daten zu entnehmen ist. Schon um die Mitte des 17. Jahrhunderts wurde die streng axialsymmetrische Grundstruktur der Hofanlage entscheidend geprägt, vermutlich noch früher die klare Trennung von Herrenhaus und Wirtschafts- bzw. Bauhof durch das heute noch vollständig erhaltene System von Wassergräben. Die auf diese Weise geschaffenen rechtwinkligen Hofinseln sind über Brücken und Dämme miteinander verbunden.

Eine altertümlich anmutende Steinbrücke führt unmittelbar in die gewölbte Durchfahrt des aus dem 17. Jahrhundert stammenden Torhauses und öffnet den Blick auf das gegenüberliegende abgerückte Herrenhaus. Die Wirtschaftsgebäude sind gestaffelt angeordnet: ganz außen, zu Seiten der langgestreckten Torhausflügel liegen westlich die Roggenscheune, östlich das kleine Kuhhaus, beide aus den 1720er Jahren. Weiter eingerückt folgen im Zentrum des Bauhofes die stattliche Gerstenscheune auf der Westseite und gegenüber das große Kuhhaus, beide 1640 geschaffen.

Vom Bauhof verläuft eine breite Überfahrt auf den geräumigen Ehrenhof vor dem mehrflügligen Herrenhaus. Links und rechts schließen eingeschossige Wohn- und Remisentrakte die gesamte Gebäudegruppe als imposante Dreiseitanlage ab. Durch die Portale des Herrenhauses an Hof- und Gartenseite erstreckt sich die zentrale Erschließungsachse weiter über eine dritte Brücke in die Hauptallee des Parks, der ab 1750 regelmäßig angelegt und später in den Randbereichen landschaftlich erweitert und umgestaltet wurde.

Damp ist vermutlich im 15. Jahrhundert durch umfangreiche Rodungen in damals geschlossenen Waldgebieten entstanden, die dem Schleswiger Bischof gehörten. Ursprünglich Pachtland, ge-

Herrenhaus Damp, Aquarell von 1830

langte der Besitz gegen Ende des Jahrhunderts in die Hände der altadeligen Geschlechter Sehestedt und Pogwisch. 1519 wurde Sievert von der Wisch Besitzer. Dessen Enkel Melchior war der Erbauer des Damper Herrenhauses in den Jahren 1595 bis 1597. Melchior, der schon drei Jahrzehnte auf Damp gehaust und gewirtschaftet hatte, konnte sich seines neuen Wohnhauses nicht mehr lange erfreuen, da er bereits im Jahr darauf umgebracht wurde, vergiftet durch seine Frau, wie eine Chronik berichtet: "Melchior v. d. Wische zu Damp ist von seiner eigenen Frauen, einer Blomin von Neemte (Nehmten), mit Gift vergeben, daß er ist von einander geborsten."

Otto Rantzau, der das Gut in den Jahren 1626 bis 1650 besaß, ließ die große, inschriftlich datierte Gerstenscheune erbauen, dazu das Kuhhaus und vermutlich den Kernbau des heutigen Torhauses. 1656 ging Damp in die Hände des damals mächtigen und einflußreichen Geschlechtes der Ahlefeldt über. Das 17. Jahrhundert wurde auch das Ahlefeldtsche genannt, nach dem Zeitalter der Rantzaus im vorhergehenden Jahrhundert. Die Ahlefeldts konnten, wie vor ihnen die Rantzaus, zu jener Zeit den größten Güterbesitz in den Herzogtümern ihr eigen nennen, Mitglieder der Familie nahmen höchste Ämter im dänischen Königreich ein. Bendix Ahlefeldt, dem auch das Gut Bothkamp gehörte, hatte 1693 Damp von seinem früh verstorbenen Vater Heinrich übernommen. Er veranlaßte den großartigen Innenausbau des Herrenhauses, vor allem den Umbau des mittleren Hausteiles in eine zweigeschossige Halle noch vor der Jahrhundertwende. Bendix' Neffe Jürgen vollendete in den Jahren 1721 bis 1723 den Wirtschaftshof in der Form, wie er bis heute besteht.

Auch Jürgen Ahlefeldt verstarb vorzeitig 1728; der einzige Sohn Johann Rudolph trat mit 16 Jahren das Erbe an. Seine spätere Frau Margarethe Oelgard Brockdorff brachte das große Gut Saxtorf mit in die Ehe, und Johann Rudolph konnte das nicht weit entfernte Gut

Hohenstein dazuerwerben. Er muß als Landwirt, Gutsherr und Gartenliebhaber Beachtliches geleistet haben. Er führte auf seinen Gütern die Kartoffel ein, verbesserte die Wohnverhältnisse der Leibeigenen und ließ 1742 auf der Grundlage eines Legates seines Großvaters unweit des Gutshofes das St. Johannis-Armenstift "zum Besten und zur Verpflegung" der Alten errichten. Johann Rudolphs ganze Leidenschaft aber waren die Gärtnerei und die Gartenkunst. Er zog den bekannten Kunstgärtner Johann Caspar Bechstedt aus Kursachsen heran, der auf Damp und Saxtorf prächtige Gärten anlegte und sich seltene Zwiebeln und Stauden aus Holland kommen ließ. Selbst in den rauhen Wintermonaten schmückte er die Stube des Herrn von Ahlefeldt mit einem Amphitheater der herrlichsten Blüten. Der letzte Ahlefeldt auf Damp verkaufte das Gut 1797 an französische Emigranten, die es schon 1803 an den Kammerjunker Henning Bendix von Qualen weiterveräußerten. In der Familie v. Qualen verblieb Damp bis 1887, als dieses Geschlecht im männlichen Stamm ausstarb und Karl Graf zu Reventlow aus der Sundewitter Linie zum Erben bestimmt wurde.

Auch die Reventlows hatten im öffentlichen und politischen Leben Dänemarks und der Herzogtümer über Jahrhunderte eine herausragende Rolle gespielt. Ursprünglich aus Dithmarschen stammend, gehören sie zu den uradeligen Familien Holsteins. Wie alle anderen noch blühenden Familienzweige stammt auch die Damper Linie von dem Kanzler Detlev Reventlow († 1664) ab, dessen Sohn Conrad († 1708) Großkanzler und Ritter des Elefantenordens war und in den Grafenstand erhoben wurde. Conrads Tochter Anna Sophie wurde, gerade 19 Jahre alt, 1712 von König Friedrich IV. (reg. 1699-1730) aus dem Elternhaus Clausholm entführt und später zu seiner zweiten Frau gemacht. Großenkel Christian Detlev Reventlow († 1827), Minister, Präsident der Kopenhagener Rentekammer und schließlich Premierminister, war maßgebend an der Abschaffung der Leibeigenschaft im dänischen

Gesamtstaat beteiligt. Der Vater des ersten Reventlow auf Damp schließlich, Ludwig Reventlow, tat sich in der schleswig-holsteinischen Befreiungsbewegung hervor, war in preußischer Zeit Landrat in Husum und eng mit Theodor Storm befreundet.

Das Damper **Herrenhaus** ist ein symmetrisches, H-förmiges Gebäude mit einem um 1720 westlich angebauten Flügel. Anfangs war es ein Backsteinrohbau auf Granitquadersockel, wie er an der Gartenfront und den Seitenfassaden noch vorhanden und sichtbar ist. Trotz späterer Veränderungen hat sich der Bau des späten 16. Jahrhunderts nahezu vollständig erhalten. Der ursprüngliche Kernbau, im wesentlichen 1595 bis 1597 erbaut, bestand aus einem quergelagerten Saalbau, dessen Dach seitlich mit hohen Schildgiebeln abgeschlossen war. An jeder Ecke war ein gleichhoher Pavillon angefügt - jeweils mit eigenständigem Satteldach, Vorder- und Rückgiebel. Die Eckbauten berührten den Kernbau lediglich in einer Fensterachse. Schon früh wurden an den Schmalseiten des Saals, also im Westen und Osten, kleine Wohntrakte eingefügt und die Dächer der Pavillons mit dem des Haupthauses verbunden. Der Grund für den Ausbau wird einerseits in gesteigertem Raumbedarf gelegen haben, andererseits hatte man wohl von Anfang an Schwierigkeiten, die jeweils auf vier Seiten durchfensterten Wohnräume mit den in den äußeren Giebeln verlaufenden Kaminen zu beheizen.

Ganz offensichtlich hat Damp in Schloß Tönning ein bedeutendes Vorbild gehabt, erbaut 1581 bis 1584 durch den berühmten Baumeister Herkules Oberberg im Auftrag von Herzog Adolf von Gottorf. Es wurde jedoch bereits im frühen 18. Jahrhundert abgebrochen und ist nur in Stichen überliefert. In Dänemark steht noch das vom Bautypus her ähnliche Herrenhaus Engelsholm (Jütland), errichtet in den Jahren 1592/93 von Knud Brahe, einem Bruder des bekannten Astronomen Tycho Brahe.

Barocke Halle im Herrenhaus Damp

Betritt man das Gebäude durch das schlichte, inschriftlich 1597 datierte Renaissanceportal, so gelangt man unmittelbar in den Raum, der den Ruhm des Hauses ausmacht: Die zweigeschossige **Halle** des Bendix von Ahlefeldt, die den gesamten Mittelbau einnimmt. Sie entstand nach neuesten Forschungen einheitlich in den Jahren um 1700. Dabei wurde die Decke zwischen den Stockwerken weitgehend beseitigt und ein einheitlich barocker Raum mit umlaufender Galerie gestaltet, der Treppenhaus, Festsaal, Hauskapelle, Wohnraum und Korridor in einem ist. An der östlichen Schmalseite verbindet ein doppelläufiger Treppenaufgang Erd- und Obergeschoß. Gegenüber wurde 1698/99 durch den Kieler Orgelbauer Hinrich Wiese eine mächtige, raumbeherrschende Orgel in die Galerie eingefügt. Der dreitürmige Mittelprospekt ragt in eine Ausbuchtung der Decke und die Türme für die Baßpfeifen auf Fratzenkonsolen flankieren das Rückpositiv in der vorschwingenden Brüstung. Das lange Zeit unbespielbare Werk wurde 1980 nach überlieferter Originaldisposition rekonstruiert. Die spannungsvolle Verbindung eines längsgerichteten Raumes, in der Anordnung von Treppe, Galerie und Orgel, mit einem durch die Deckengestaltung suggerierten Zentralraum ist in Schleswig-Holstein ohne Parallele.

Die Idee, die hinter der gesamten Raumkonzeption steckt, wird in dem einzigartigen Stuckplafond des Saalraumes deutlich, der mit seiner Gesamtkomposition die Wirkung einer Barockkuppel andeutet. Um ein von Putten gehaltenes Zifferblatt gruppieren sich vier lebensgroße, nahezu vollplastische Musikantinnenpaare, die leichtbekleidet und in fröhlicher Bewegung, mit unterschiedlichen Instrumenten spielend, ein ganzes Orchester bilden. Eine Musikantin mit Partitur in der Hand ist zugleich Sängerin und trägt die Beischrift: *NON PLUS ULTRA* (höher geht's nicht). Zwei allegorische Frauengestalten über der Treppe und der Orgel tragen Spruchbänder mit einem erläuternden lateinischen Distichon: *INCHOAT HAEC LEGIO CERTATIM GAUDIA PLAUSA / MUSARUM NUTRIX PAX OPTIMA EST RERUM* (Dieses Orchester erbringt im

Wettstreit umjubelte Freuden. / Frieden, das höchste Gut, trefflich die Musen nährt). Durch das Zifferblatt in der Mitte und Putten mit Stundengläsern in den vier Ecken wird mehrfach auch an die verrinnende Lebenszeit der Menschen erinnert. So ist das Generalthema des Raumes die Musik und die Beschäftigung mit den Musen als schönster Zeitvertreib, der allerdings nur im Frieden gedeiht.

Von der mit schönen Renaissanceschränken und -truhen Eckernförder Herkunft ausgestatteten Halle sind sämtliche Wohnräume in den Flügeln durch beschnitzte Türen in Pilasterrahmen zugänglich. Drei der Räume in den ehemaligen Eckpavillons gehen auf die Ausstattungsphase um 1700 zurück: Im Südwesten liegt die sogenannte **Kaminstube** mit einer außergewöhnlich prachtvollen Stuckdecke. Stark plastisch herausgearbeitet, mit üppigen Rahmungen aus Lorbeerbündeln, Fruchtgebinden und Akanthusranken, zeigt ihr Mittelfeld das Allianzwappen Ahlefeldt-Rumohr, umgeben von Allegorien der Erdteile (meist klassizistisch erneuert) und der Jahreszeiten. Der südöstliche Raum hat ein entsprechendes Allianzwappen an seiner Decke, hier allerdings umgeben von einem Gespinst flacherer Akanthusranken.

Nordöstlich gelangt man in das **Eßzimmer**. Seine Stuckdecke ist ebenfalls füllig, aber etwas flacher im Ornament. Auffällig ist die streng symmetrische Aufteilung um ein großes Mitteloval. Hervorzuheben sind zwei großflächige Wandbespannungen mit Ölmalerei, Hafenlandschaften klassischen und orientalischen Gepräges darstellend. Das Bild rechts neben der Tür wird traditionell mit dem anonymen Erscheinen Zar Peters des Großen in Westeuropa in Verbindung gebracht.

Die Stuckarbeiten in der Halle wurden bisher stets, wenn auch mit Fragezeichen versehen, dem oberitalienischen Stukkateur Carlo Enrico

Brenno zugeschrieben. Darüber hinaus wurde für die gesamte Stuckausstattung des Herrenhauses aufgrund stilistischer Merkmale ein Zeitraum von gut zwanzig Jahren veranschlagt. Beides läßt sich nach neuesten Forschungsergebnissen offenbar nicht mehr halten. Alle Stuckdecken in Damp werden nun dem ebenfalls aus Oberitalien stammenden Joseph Mogia (vor 1680-1739) und seiner Werkstatt zugeschrieben, ebenso wie andere, bisher für Brenno reklamierte Werke in den Herzogtümern. Der Zeitraum, in dem die Arbeiten ausgeführt wurden, läßt sich auf wenige Jahre vor und nach 1700 eingrenzen. Joseph Mogia war zu jener Zeit in Gottorf tätig.

Der wasserumflossene **Wirtschaftshof** wurde im 17. Jahrhundert als geräumiges Karree angelegt. Das **Torhaus** ist ein massiver, sehr schlichter Backsteinbau mit Satteldach. Als Blickfang sticht der malerisch gelb und weiß gestrichene Torrisalit mit dunkel gerahmtem Giebel vom leuchtenden Rot des Mauerwerks und der Dächer ab. Sein spitzes Glockentürmchen von 1908 mit schmiedeeiserner Wetterfahne läßt noch heute die Stunde schlagen.

Alle Scheunen und Stallungen sind in Eichenfachwerk mit Backsteinausfachung errichtet, mit niedrigen Seitenwänden, mehrgeschossigen Giebeln und hochragenden Reetdächern, die heute zu einem geringen Teil (an den Außenseiten) durch Hartbedachung ersetzt sind. Rechterhand steht dominierend die **Gerstenscheune**. An den Durchfahrtstoren entdecken wir das Rantzau- und das Ahlefeldtwappen mit der Jahreszahl 1640 und eine Inschrift: *WO GODT DAS HAVS NICHT SELBST BEWACHT / SO IST VMSONST DER WÄCHTER MACHT.* Das Innere der Scheune ist als Getreidelager ausgebaut. Gegenüber liegt das gleichzeitig errichtete sogenannte **'Neue Kuhhaus'**. Kühe und Kälber finden hier nur noch selten Unterkunft, dafür wurde hinter dem unlängst sorgfältig instandgesetzten Nordgiebel unter Beibehaltung der überkommenen Stallfenster und -tore ein Restaurant eingebaut.

Unmittelbar an das Torhaus anschließend liegen seit 1721/23 rechts die **Roggenscheune** und links das sogenannte **'Alte Kuhhaus'**, das durch einen Sturm in den 1960er Jahren sein gesamtes Dach verloren hat und seitdem ein Notdach trägt. Baulich reizvoll ist der Hofraum zwischen Gersten- und Roggenscheune durch ein kleineres Stallgebäude abgeschlossen.

Der **Park** hinter dem Herrenhaus ist in seinem Kernbereich als ehemaliger Barockgarten erkennbar: In der Hauptachse der Hofanlage verläuft eine 150 Meter lange Lindenallee, die, wie es heißt, um 1750 gepflanzt wurde. Nach 1761 beauftragte Johann Rudolph von Ahlefeldt den sächsischen Kunstgärtner Johann Caspar Bechstedt (1735-1801) mit der Betreuung seiner Gärten in Damp und Saxtorf. Der Umriß des Damper Gartens ist beiderseits der Allee als längsrechteckiges Rasenstück mit teilweise erhaltenem Umfassungsgraben noch ablesbar. Es war früher in acht Quartiere eingeteilt und von einem streng orthogonalen Wegesystem durchzogen. Nach 1800 wurde der Garten in östlicher Richtung großzügig erweitert und im landschaftlichen Sinne umgestaltet.

(La)

Privatbesitz

Besichtigung/Öffnungszeiten:

innen und außen nach Absprache

Restaurant/Café:

ab 15 Uhr geöffnet (dienstags geschlossen)

Anschrift/Tel.:

Gutsverwaltung Damp · 24351 Damp · Tel.: 043 52/ 22 03

Ansprechpartner für Führungen: Herr Witt · Tel.: 043 52/ 23 95

GUT LUDWIGSBURG

Der an der kleinen Landstraße zwischen Eckernförde und Waabs unweit der Ostsee gelegene Gutshof gehört, wie das altertümliche Torhaus sofort erkennen läßt, zu den frühen Adelsgütern im Lande. Das Herrenhaus des 18. Jahrhunderts vermittelt indessen einen vornehmen und schloßartigen Eindruck. Im Inneren befindet sich die berühmte "Bunte Kammer" von 1673, eine Wandvertäfelung mit kleinen Gemälden. Als Sinnbilder zusammen mit Sprüchen, sogenannten Emblemen, stellen sie einen Moralspiegel adligen Lebens dar, eine einzigartige Leistung der nordeuropäischen Barockkultur.

Die Hofanlage wird von einem breiten Wassergraben umzogen, der sich zum See erweitert und teilweise in neuerer Zeit zugeschüttet wurde. Darin erhebt sich das Herrenhaus aus einem eigenen rechteckigen Hausgraben. Das Torhaus an der Straße steht in keiner Beziehung zum Herrenhaus, das galt auch für die (heute erneuerten) Wirtschaftsbauten. Lediglich der Garten liegt rückwärtig in dessen Achse. In Gestalt eines strengen Rechtecks wird er von einem Wassergraben umzogen. Die Unsystematik in der Zuordnung von Wirtschaftshof und Herrenhaus und das doppelte Grabensystem kennzeichnen die frühen Gutshofanlagen. Für sie war nämlich die jeweilige Geländegegebenheit, besonders im Hinblick auf die Schutzlage des Herrenhauses, wichtiger als eine Gestaltungsidee. Im 18. Jahrhundert korrigierte man die Unregelmäßigkeit der Anlage: Im Zusammenhang mit der Erneuerung des alten Herrenhauses wurde dessen Achse für die Erneuerung des Gartens und die Anlage eines halbrunden Stall- und Remisengebäudes verbindlich, und vor dem Herrenhaus gliederte man aus dem Hofplatz einen repräsentativen Ehrenhof aus. Von diesem sogenannten Krummhaus blieben nach Abbruch des Mittelteils 1967 nur die beiden Flügel erhalten.

Die Anfänge Ludwigsburgs reichen bis ins frühe 15. Jahrhundert zurück. Damals gehörte das Gebiet - wie der größte Teil der Landschaft Schwansen - zum Besitz der Bischöfe von Schleswig. Das Gut gelangte bald an die Familie von Sehestedt. Der erste Bau des wohl noch vor 1570 errichteten Herrenhauses ist in einer Ansicht auf der sogenannten Rantzau-Tafel überliefert, einer Folge von Darstellungen Rantzauischer Burgen des späten 16. Jahrhunderts (s. Hasselburg). Es war ein kleiner Breitbau mit drei übergiebelten Doppelfenstern und gestuftem Giebel. Von ihm ist nichts erhalten.

Hofseite des Herrenhauses Ludwigsburg

Durch Heirat gelangte der Besitz 1564 an die Familie von Rantzau, in deren Hand das Gut bis 1670 bleiben sollte. Beate Sehestedt hatte Kohöved, wie es damals noch hieß, als Mitgift in ihre Ehe mit Paul Rantzau eingebracht. Rechtmäßiger Erbe war nach dem Tod seines

Vaters Paul seit 1579 Bertram Rantzau. Aus dieser Zeit der Rantzaus stammen das Torhaus (um 1580) und der zweite Bau des Herrenhauses, an gleicher Stelle wie das heutige dritte gelegen, geschützt durch natürliche Gewässer, die die Anlage eines umfangreichen, doppelten Grabensystems erlaubten.

Der Neubau des Herrenhauses, jetzt in der Form eines damals modernen "Doppelhauses" (zum Bautyp s. Wahlstorf) erfolgte unter Bertram Rantzau in den 1590er Jahren. Er übernahm erst nach dem Tod seiner Mutter Beate 1589 und nach seiner Heirat mit Helwig Ahlefeldt im selben Jahr die Leitung des Gutes. Dieses Doppelhaus des späten 16. Jahrhunderts ist uns auf drei Ansichten in der "Bunten Kammer" überliefert. Demnach handelte es sich um zwei langgestreckte Haushälften mit geschwungenen Giebeln an den Schmalseiten. Zur Hofseite war ein zweiachsiger Treppenturm angebaut. Auf der Gartenseite gliederten zwei hohe Abortpfeiler - wie in Wahlstorf - den Außenbau. An der Südseite erhob sich ein mächtiger Turm mit umlaufenden Galerien als Aussichtspunkte für den anschließenden, großzügig angelegten Renaissancegarten. Das Doppelhaus bestimmt noch den heutigen Bau in seinen gesamten Ausmaßen und in der Raumstruktur der beiden Haushälften. Von ihm stammen die Fundamente, die Raumaufteilung im tonnengewölbten Westteil des Kellers und der Granitquadersockel bis zur Sohlbankhöhe der späteren Kellerfenster.

Nach 1670 folgten zahlreiche Besitzer, von denen Friedrich Christian Graf Kielmann von Kielmannsegg, in den Jahren 1672 bis 1680 als Auftraggeber der "Bunten Kammer" (datiert 1673), besonders erwähnt werden soll. Der Adelige hatte eine hervorragende Ausbildung genossen. Sein Vater Johann Adolf war als Gottorfischer Hofrat mächtigster Minister am Hofe und eigentlicher Gründer der Kieler Universität. Friedrich Christian erwarb das Gut Kohöved 1672, als er seine Machtposition als dänischer Geheimrat und kaiserlicher Rat noch ausbauen konnte, bevor er 1679 in Ungnade fiel und eingekerkert wurde. Nach seiner Freilassung 1679 zog er sich auf Gut Wandsbek bei Hamburg (1861 abgebrochen) zurück.

1729 kaufte der dänische Diplomat Friedrich Ludwig von Dehn (1697-1771) das Anwesen, das er 1768, nach seiner Erhebung in den dänischen Grafenstand, in "Ludwigsburg" umbenannte. Er muß sofort mit dem Neubau begonnen haben, der 1739/40 zum Abschluß kam, als er eine Gesandtschaft in Spanien antrat (1739-1742). Dendrochronologische Untersuchungen haben gezeigt, daß 1729 das Bauholz bereits eingeschlagen worden war. Ein Architekt ist bisher nicht bekannt. Der Gutsherr bekleidete 1762 bis zu seinem Tod 1771 das hohe Amt des Statthalters der Herzogtümer mit Sitz auf Schloß Gottorf in Schleswig. Er begann sofort mit einem Neubau des Herrenhauses unter Berücksichtigung von Bauteilen des Vorgängerbaus, errichtete das gegenüberliegende Krummhaus und legte den französisch geprägten Barockgarten an. 1776 kam Ludwigsburg durch Heirat an die Familie von Ahlefeldt, die nun den Doppelnamen Ahlefeldt-Dehn annahm. Nach wechselvoller Geschichte und finanziellen Schwierigkeiten, Konkursen und Verkäufen innerhalb der weitverzweigten Familie zu Beginn des 19. Jahrhunderts ist Ludwigsburg seit 1950 im Besitz der Familie Carl.

Das Herrenhaus ist, so wie es sich heute präsentiert, ein Bau des 18. Jahrhunderts. Wuchtig erhebt sich der über vier Geschosse reichende Baublock mit seinem mächtigen Mansarddach aber noch in traditioneller Art aus einem breiten Hausgraben, das Kellergeschoß mit großen Granitquadern und -platten verkleidet. Der Außenbau ist durch angedeutete Mittelrisalite und Fenster streng axial gegliedert. Der Hauptzugang wird von korinthischen Säulen flankiert, die zierliche Schmiedegitterbalkone tragen. Das Kellergeschoß ist noch ganz mit schweren Granitquadern verkleidet. Im ersten Geschoß gliedern mehrere schmale

Sandsteinstreifen den Backsteinbau. Hierin liegt ein Hinweis auf einen Planwechsel während der Errichtung des Hauses, denn es sollte zunächst noch eine traditionelle Horizontalgliederung niederländischer Art erhalten. Die beiden oberen Geschosse werden durch flache, die Eckfenster rahmende Lisenen zusammengefaßt und durch gekalkte Rechteckblenden zwischen den Fenstern des Hauptgeschosses und des Mezzanins bereichert, eine beliebte Schmuckform des frühen 18. Jahrhunderts. Über der Balkontür ist eine Sandsteintafel von 1535 mit von Ahlefeldtschen Wappen eingelassen, die allerdings nicht aus Ludwigsburg stammt.

Im **Inneren** orientiert sich die Raumaufteilung noch an der alten Struktur des Vorgängerbaus. Eine mächtige Längswand teilt das Haus in einen breiteren vorderen und schmaleren rückwärtigen Bereich. Dies ist am Außenbau wegen der regelmäßigen Befensterung allerdings nicht ablesbar. Im Keller ist der hintere Bereich mit einer durchgehenden Halbtonne des Vorgängerbaus überwölbt, unterteilt von starken Wänden, darunter zwei nachträglich eingezogenen. Es sind Kaminwände des 18. Jahrhunderts, die die großen Kamine des Festsaales im Obergeschoß tragen. Die in die Gewölbe eingeschnittenen Stichkappen der Kellerfenster stammen ebenfalls aus der Umbauphase des 18. Jahrhunderts. Der hofseitige Kellerteil ist teilweise gewölbt. Der alte Küchenbereich mit seinem mächtigen Küchenkamin (rekonstruiert) zeigt eine Holzbalkendecke mit zwischenliegenden, aus Feuerschutzgründen eingezogenen Steinkappen.

Die Eingangshalle in der Mitte der Hoffront ist einheitlich mit einer Holztäfelung aus den 1780er Jahren verkleidet. Ihr Dekor besteht aus flachen, rundbogigen Blenden mit Kassettenfüllungen zwischen kannelierten, korinthischen Pilastern. In einem schmalen Flur an der Stirnseite der Halle setzt sich die Täfelung fort. Es ist der Zugang zum Garten (die Brücke über den Graben wurde kürzlich erneuert).

Auf der Nordseite der Halle betritt man durch eine große Glastür mit Korbbogenschluß und gerahmt von Doppelpilastern das mächtige Treppenhaus mit der durch alle Geschosse führenden, sanft ansteigenden, breiten Barocktreppe. Hinter der Treppe führt ein schmaler Gang zur "Bunten Kammer" in der Nordwestecke des Hauses. Die übrigen Bereiche sind, wie auch in den anderen Geschossen, in kleine Raumeinheiten gegliedert und bildeten ursprünglich mit ihren Schlaf- und Ankleideräumen, Arbeitszimmern und Kabinetten kleine, sogenannte Appartements, also kleine Wohneinheiten. In mehren Räumen befinden sich schön gemalte Rokoko-Supraporten mit Landschaften, Schäfer-Kavalierszenen und Stilleben.

In der 1673 datierten **"Bunten Kammer"**, die in den letzten Jahren restauriert wurde, tritt uns eine heute fremdartig erscheinende farbige Bilderwelt entgegen. Die Wände des kleinen Raumes sind vollständig mit auf Holz gemalten Sinnspruch-Bildern (Emblemen) in aufwendig geschnitzten Rahmen bedeckt. Dabei sind jeweils fünf übereinander angebracht, die obere Reihe trägt kleine ovale Darstellungen: Insgesamt sind 170 Tafeln vorhanden. Selbst die Tür besteht aus drei Tafeln, betont durch ein kleines Oval. Zu jedem Bild gehört ein Sinnspruch in verschiedenen europäischen Sprachen einschließlich des Lateinischen.

Embleme waren im Zeitalter des Barock in sogenannten Emblembüchern weit verbreitet. Ein Emblem besteht aus drei Teilen: einer Überschrift, dem Motto, dem allegorisch zu verstehenden Bild und darunter als Schlußfolgerung aus beidem eine Lebensweisheit in Form eines meist bekannten Sinnspruches. In Ludwigsburg ist das Motto weggelassen, und der zeitgenössische Betrachter war herausgefordert, Sinnspruch und Bild miteinander zu verbinden und selbst eine Deutung zu finden. Dabei war er auf Belesenheit, spezielle Kenntnisse zeitgenössischer Emblembücher und die Fähigkeit zum scharfsinnigen Kombinieren ange-

Vertäfelung in der „Bunten Kammer“ des Herrenhauses

wiesen. Die Deutung der Embleme diente auch der gehobenen Unterhaltung von Gästen. Hierin lag wohl der Hauptzweck der "Bunten Kammer".

Über das Treppenhaus wird im Obergeschoß ein über der Eingangshalle gelegener Raum betreten, der ehemals als **Speisezimmer** den Bewohnern und Gästen einen schönen Blick auf den Ehrenhof mit dem Krummhaus bot. Die Versorgung der Herrschaft erfolgte über einen schmalen Dienergang und eine kleine Wendeltreppe im Süden des Hauses, die noch heute vom Keller bis in den Dachboden führt. In diesem Speisezimmer sind jüngst sehr qualitätvolle farbige Tapeten des frühen 19. Jahrhunderts entdeckt, freigelegt und restauriert worden, die Szenen aus dem französischen Algerienkrieg zeigen. Von diesem Speisesaal führt eine breite, zweiflügelige Tür in den **Festsaal** in der Mitte der Gartenseite. Der gesamte Saal ist mit weiß-goldener Holztäfelung mit aufwendigen Pilastern verkleidet. Die Füllungen der Türen, Türverkleidungen und der Paneele sind kassettiert. Die gesamte Raumdekoration stammt aus den 1780er Jahren, als der Festsaal umgebaut wurde. Aus der Erbauungszeit, also rund 50 Jahre älter, sind lediglich die beiden Kaminrisalite mit ihren Rokoko-Spiegeln und Füllornamenten darüber. Im Saal hängen zwei lebensgroße, ganzfigurige Porträts Kaiser Karls VI. und seiner Gemahlin aus den 1730er Jahren, die Ludwig Dehn wohl im diplomatischen Dienst als Ehrengabe erhalten hatte.

Das zweite Obergeschoß diente untergeordneten Funktionen, stand nach einem Brand 1955 lange leer und beherbergt heute Ferienwohnungen. Bemerkenswert ist der Dachstuhl des Mansarddaches, der mit seinen kühnen und komplizierten Kaminkonstruktionen einer der mächtigsten im Lande ist.

Seitlich versetzt und ohne Bezug auf das Herrenhaus riegelt das ältere **Torhaus** den Gutsbezirk zur Straße hin ab, ein zweigeschossiger Backsteinbau des späten 16. Jahrhunderts von wehrhaftem Charakter mit einer korbbogigen Durchfahrt, errichtet wohl bis etwa 1589 noch von der Witwe des 1579 verstorbenen Paul Rantzau, Beate Sehestedt. Über dem Tor ist eine Reihe spitzbogiger Sandsteintafeln mit Wappen der Familien Sehestedt und Rantzau eingelassen, darüber ein Kreuzgruppenrelief. Es ist eines der ältesten Torhäuser im Lande. Ein Uhrentürmchen wurde 1904 angefügt. Von den ursprünglich zwei Treppentürmen ist nur noch der westliche erhalten.

In der rückwärtigen Achse des Herrenhauses liegt ein um die Mitte des 19. Jahrhunderts erneuerter, von Wassergräben eingefaßter, längsrechteckiger Garten, der eine barocke Anlage ersetzte. Ein kleiner Renaissancegarten des 16. Jahrhunderts ist uns lediglich durch Abbildungen bekannt. Die ausgedehnten, doppelten Graben- und Wallsysteme mit Eckbastionen, die in eine Seenlandschaft übergingen, sind heute teilweise verlandet, der Garten selbst ist verwildert.

(Schu)

Privatbesitz

Besichtigung/Öffnungszeiten:

nur nach Absprache

Anschrift/Tel.:

Fam. Carl · Gut Ludwigsburg · 24369 Waabs

Tel.: 043 58 / 988 18

Gut Louisenlund

Die ehemalige Sommerresidenz des Landgrafen Carl von Hessen liegt eingebettet in schattige Park- und Waldfluren am Südwestufer der inneren Schlei, dort, wo sich die schmale Förde seeartig zur "Großen Breite" erweitert. Die Lage des Palais, das ab 1772 in Form eines schlichten barocken Landhauses neu erbaut wurde, war ungewöhnlich und bewußt gewählt: Mit vorgelagertem Rasenparterre erstreckt es sich unmittelbar am Wasser vor dem Hintergrund einer Waldkulisse und des erhaben auf steilem Hügel gelegenen älteren Wirtschaftshofes. Der bedeutende Freimaurergarten des Landgrafen ist als Naturpark erhalten. Schloß und Nebengebäude dienen heute als Internat.

Zahlreiche Veduten des 19. Jahrhunderts geben den reizvollen Kontrast zwischen dem Schloß am Schleiufer und dem ländlichen Gutshof auf der Anhöhe wieder, sowohl vom Wasser aus, als auch von der Gegenseite. Dazwischen legen sich natürlich anmutende Waldstücke und Parkwiesen mit heute hochgewachsenem Baumbestand, der nur noch stellenweise die früher zahlreichen, geplant angelegten Aussichten und Durchblicke erkennen läßt. Nach wie vor führt eine gewundene Lindenallee durch das stark bewaldete hügelige Gelände, ehe sie von einem schon auf den alten Gutskarten verzeichneten Baumrondell gerichtet zur Schloßanlage hinunterläuft.

Im Mittelalter lag an der Stelle des Wirtschaftshofes vermutlich eine Ziegelei, auf die der spätere Name "Tom Tegelhoff" schließen läßt. Besitzer des nachmaligen Gutes waren im 16. Jahrhundert drei Brüder aus dem Geschlecht Sehestedt. 1563 wurde es an Herzog Adolf von Gottorf verkauft und diente einige Zeit der herzoglichen Hofhaltung als

Park und Schloß Louisenlund

Vorwerk. Nach 1647 der Familie des gottorfischen Oberhofmarschalls von Günderoth überlassen, fiel es mit dem Tod der letzten Familienangehörigen 1727 an den dänischen König, der sich zwischenzeitlich (1721) der Schleswiger Anteile des Herzogtums bemächtigt hatte.

Carl von Hessen (1744-1836) hatte schon in jungen Jahren Karriere am dänischen Königshof gemacht, war mit 20 bereits Generalmajor und vermählte sich zwei Jahre darauf mit der Prinzessin Louise, der Schwester König Christians VII. Die Gunst des Monarchen machte ihn zum Vorsitzenden des Obersten Kriegsrates, Staatsminister und Vizekönig von Norwegen. Hofintrigen veranlaßten ihn jedoch schon kurze Zeit später, von allen Ämtern zurückzutreten und mit Einverständnis des Königs die Statthalterschaft in den Herzogtümern als Nachfolger des Grafen Ludwig von Dehn (s. Ludwigsburg) zu übernehmen. Seine lange Dienstzeit von 1767 bis zu seinem Tode 1836 gab dem alten Herzogsschloß Gottorf einen letzten Abglanz früherer Residenzzeiten zurück.

Den Ziegelhof an der Schlei schenkte der König seiner Schwester als Sommersitz. Hier ließ das landgräfliche Paar durch den aus Kassel gebürtigen späteren Landbaumeister Johann Hermann von Motz ein vergleichsweise schlichtes Wohnhaus errichten. Für die Anlage eines weitläufigen Parks wurde der vorher auf Damp und Schierensee (s. dort) tätig gewesene Johann Caspar Bechstedt gewonnen. In der Abgeschiedenheit des ländlichen Anwesens, das den Namen seiner Frau erhielt, konnte der Landgraf seinen freimaurerischen, später bisweilen spiritistischen Neigungen nachgehen. Diese konnten in Verbindung mit dem als Gast auf Louisenlund weilenden Grafen von St. Germain skurrile Züge annehmen.

1790 wurde in dieser ländlichen Idylle die Vermählung des Thronfolgers und nachmaligen Königs Frederik VI. mit der Tochter des Landgrafenpaares Marie Sophie Friederike von Hessen gefeiert. Die Festlichkeiten sind in einer Reihe von Gouachen des Kieler Malers Carl Daniel Voigt dargestellt worden, die sich heute verstreut in Louisenlund, Kopenhagen und Schleswig befinden.

Vermutlich noch in den 1790er Jahren wurde das spätbarocke Schlößchen durch Landbaumeister Motz bedeutend vergrößert und nördlich ein langgestreckter Orangerieflügel angefügt. Spätere Umbauten haben das Bild nur unbedeutend verändert. Nach wie vor wird es in wesentlichen Zügen durch die landgräfliche Epoche geprägt, auch wenn nicht zu übersehen ist, daß mittlerweile zahlreiche Neubauten im Zuge der Internatsnutzung seinen ursprünglichen Charakter verändert haben. Louisenlund ging nach dem Tode des Landgrafenpaares (1831 bzw. 1836) über die jüngste Tochter Louise Caroline von Hessen im Erbgang an das Haus Schleswig-Holstein-Beck, aus dem die Glücksburger Linie hervorgegangen ist.

Im heutigen **Schloß** steckt der Ursprungsbau der 1770er Jahre, ein eingeschossiger Backsteinbau von elf Achsen mit zweigeschossigem Mittelrisalit und Mansarddach. Später wurde er um das Mansardgeschoß aufgestockt, durch zweiachsige Seitenrisalite vergrößert und erhielt ein neues, höheres Satteldach. Das Gebäude ist heute verputzt und weiß gestrichen. Schlichte breite Freitreppen führen auf beiden Langseiten des Gebäudes ins Innere. Der von Doppelsäulen getragene Balkon am Mittelrisalit der Gartenseite ist eine Zutat der Jahrhundertwende. Der langgestreckte vielteilige Anbau an der nördlichen Schmalseite birgt die ehemalige Orangerie mit Mittelpavillon.

Das **Innere** läßt trotz mehrfacher Umbauten die Grundrißstruktur des Ursprungsbaues noch in groben Zügen erkennen. Um die mittlere Eingangshalle an der Wasserseite und einen ehemals wohl durch die gesamte Länge des Hauses laufenden Mittelflur gruppieren sich acht regelmäßige quadratische Räume (zwei davon heute unterteilt) und ein Gartenzimmer. Sie weisen schlichte Stuckelemente und Kaminnischen aus der Zeit um 1800, einige wenige aus der Erbauungszeit auf, dazu eine Reihe schöner klassizistischer Gußeisenöfen. Südlich der Diele liegt das Treppenhaus mit schlichter frühklassizistischer Treppe, die mit drei Läufen in das Obergeschoß führt. Hier ist der **Festsaal** zu nennen mit Stuckdecke und Kaminnische in Empireformen. Ein großer Raum der früheren **Orangerie** wird heute als Aula, Ausstellungs- und Empfangssaal für das Internat genutzt.

Von dem in geometrischen Formen angelegten Kernbereich des Bechstedtschen **Gartens** um das Schloß herum ist zur Schlei hin ein regelmäßiges Rasenparterre mit Wegekreuz erhalten bzw. wiederhergestellt. Im Zentrum der buchsheckengefaßten Wege steht auf sandsteinernem Säulenstumpf eine **Sonnenuhr** in Form einer Armillarsphäre, Kopie des Originals von J. C. Jürgensen in Schleswig. Sie wurde 1794 als Geschenk der Residenzstadt zum 50. Geburtstag des Landgrafen angefertigt. Südlich an das Rasenparterre anschließend liegt ein ovales Lindenrondell, um das sich die älteren Nebengebäude aus dem 19. Jahrhundert und jüngere Internatsbauten gruppieren.

Die im weiteren Umfeld liegenden Parkbereiche weisen Reste der freimaurerischen Ausstattung des späten 18. Jahrhunderts auf. Nordwestlich des Schlosses liegen die zugewachsenen und verschütteten Trümmer des ehemaligen **Freimaurerturmes**, der um 1780 errichtet wurde. Über einem kreisrunden Feldsteinsockel erhoben sich drei Stockwerke in einer Scheinarchitektur aus verbretterten Holzgerüsten mit Putzbewurf. In dem steinernen Sockelgeschoß soll der Graf von St. Germain seinen alchimistischen Neigungen nachgegangen sein. Ein monumentales ägyptisierendes Portal mit sandsteinernen Halbsäulen und Sturzbalken ist heute an einem der Nebengebäude vermauert.

Verfolgt man den Weg vorbei am Standort des Turmes, gelangt man in einem entlegenen Winkel des Parks zu der **Louisensäule**. Die schlanke korinthische Säule mit Sandsteinschaft und Marmorkapitell über hohem Sockel mit der Aufschrift LOVISEN erinnert an die Landgräfin. Abseits im Süden steht das **Nordische Haus**, ein Holzblockbau im norwegischen Stil. Ursprünglich wurde es als Jagdhütte genutzt, seit 1868 als Kapelle. Von zahlreichen Freundschaftsmalen erhalten ist nördlich der Hauptallee, am Waldsaum jenseits des heutigen Sportplatzes, ein schöner sandsteinerner **Obelisk** aus dem Jahr 1790. Nicht weit davon befindet sich ein **Freundschaftsstein**, beides Überreste einer zu Ehren der Landgrafentochter errichteten **Marienlaube**.

Auf der Anhöhe westlich des Schlosses liegen die auf die ältere Hofanlage des 17. Jahrhunderts zurückgehenden Gebäude des **Meierhofes**, eine kleine, regelmäßige Anlage des späten 18. Jahrhunderts aus Wohnhaus, Scheune und Stall. Heute werden sie von Internatsschülern genutzt. *(La)*

Schloss Gottorf zu Schleswig

Schloß Gottorf war seit dem Mittelalter bis ins frühe 18. Jahrhundert Hauptresidenz zunächst der Herzöge von Schleswig, dann von Schleswig-Holstein-Gottorf und wurde unter den letzteren das ausstrahlende kulturelle Zentrum des Landes. Die herausragende landesgeschichtliche Bedeutung spiegelt sich noch in der besonderen Lage des Schlosses, der überlieferten Architektur und den Resten eines einst weit berühmten Barock-Gartens wider. Nach fast hundertjähriger Kasernennutzung wurde die kulturelle Bedeutung neu begründet, als das Schloß 1947 die Landesmuseen aufnahm. Sie zeigen die Kulturgeschichte Schleswig-Holsteins von der Steinzeit bis zur zeitgenössischen Kunstproduktion.

Schloß Gottorf liegt etwa zwei Kilometer von der Schleswiger Altstadt entfernt auf einer künstlich vergrößerten Insel im Burgsee, der im 16. Jahrhundert durch einen heute stark verbreiterten Straßendamm von der Schlei abgetrennt wurde. Die etwa 40 km tief in das Land eingeschnittene, buchtenreiche Förde war im frühen Mittelalter der wichtigste natürliche Verkehrsweg für den West-Ost-Handel und zugleich dänische Südgrenze. An ihrem Ende entstand im späten 8. Jahrhundert der Handelsplatz Haithabu, von dem noch der mächtige Ringwall am heute abgeschnürten Haddebyer Noor liegt (Haithabu-Museum). An ihn schließt sich das gleichzeitig geschaffene Danewerk an, eine Wallbefestigung, die die Landenge zwischen der Schlei und den im Mittelalter unpassierbaren Niederungen eines in die Nordsee entwässernden Flußsystems sperrte. Als Nachfolgerin Haithabus entstand im 11. Jahrhundert auf einer Halbinsel am Nordufer der Förde die Fernhandels-, Herzogs- und Bischofsstadt Schleswig. Schloß Gottorf akzentuiert gleichsam einen Raum, in dem sich die deutsch-dänische Landesgeschichte verdichtete.

Die einstige natürliche Schutzlage der Burg und des aus ihr im 16. und 17. Jahrhundert hervorgegangenen befestigten Schlosses läßt sich in der Beziehung der Schloßinsel zur Naturlandschaft westlich der Insel erkennen. Im Osten dagegen rückt die städtische Bebauung immer näher an das Gelände heran. In der Mitte des 19. Jahrhunderts wurde die vor fast 500 Jahren geschaffene und laufend modernisierte Erdwallbefestigung mit vier Eckbastionen geschleift. Seitdem erhebt sich das Schloß frei auf der Inselfläche zusammen mit Nebengebäuden, die infolge seiner Umnutzung zur Kavallerie-Kaserne ab 1850 entstanden und verschiedene Bauten der Hofhaltung und der Festung ersetzten.

Schloß Gottorf in der Vogelschau von Süden, um 1697

Der Eindruck des Schlosses wird bestimmt durch den breiten und hohen Südflügel des Spätbarock, einen nüchternen Putzbau. Sein westlicher Teil bildet mit dem von ihm verdeckten alten Schloß eine Vierflügelanlage. Der östliche dagegen steht als Anfangsbau einer unvollendet gebliebenen Vergrößerung des Schlosses um das Doppelte frei. Der querrechteckige Innenhof liegt höher als das Außengelände, von wo die Keller des Schlosses ebenerdig zu erreichen sind. Obwohl während der Kasernenzeit zahlreiche vereinfachende Veränderungen am Schloß vorgenommen wurden, gibt das heutige Erscheinungsbild dennoch deutliche, von denkmalpflegerischen Maßnahmen verstärkte Hinweise auf eine lange, erklärungsbedürftige Baugeschichte.

Von der Burg des Mittelalters können wir uns kein rechtes Bild machen, doch ist nachzuweisen, daß das heutige Schloß nach und nach durch Umbauten und Erneuerungen aus ihr hervorgegangen ist. Sie wurde nach 1161 vom Schleswiger Bischof angelegt und gelangte hundert Jahre später in den Besitz der Herzöge von Schleswig. Mehrfach bewährte sie sich bei dänischen Belagerungen. Ihren letzten Zustand im ausgehenden Mittelalter können wir aus dem heutigen Gebäudebestand ungefähr erschließen: ein westöstlich gerichtetes Wehrmauer-Rechteck mit unterschiedlichen Ecktürmen und Gebäuden, die sich an die Innenseiten der Mauern anlehnen. Dieses Rechteck bestimmte die Grundform der Vierflügelanlage des frühneuzeitlichen Schlosses. Reste der Wehrmauer haben sich in der Außenwand des Ostflügels und in der Mittelwand des Nordflügels erhalten, Reste der Gebäude im Nordostteil des Nordflügels.

Die Umwandlung der Burg in einen frühneuzeitlichen Fürstensitz begann unter Herzog Friedrich (1471-1533), der 1523 als Friedrich I. zum dänischen König gewählt wurde. Auch danach behielt er Gottorf als Hauptsitz bei und setzte den Ausbau fort. Aus dieser Zeit blieben die große zweischiffig gewölbte Halle im Erdgeschoß des Südflügels und der als "Neues Haus" aktenkundige Westflügel erhalten. Dieser konnte frühmodernen Wohn- und Repräsentationsbedürfnissen nur deshalb gerecht werden, weil Friedrich die Verteidigungsfunktion vom Bauwerk selbst löste und in eine Erdwallbefestigung der Insel vorverlegte. Sein Sohn König Christian III. setzte die Bau- und Befestigungsarbeiten fort: Er vollendete den Westflügel und erbaute den runden Kanonenturm an der Nordwestecke des Schlosses.

Nach der Landesteilung unter die Söhne Friedrichs 1544 wurde Schloß Gottorf Residenz des nach ihm benannten Herrschaftsanteils am Herzogtum Schleswig-Holstein. Herzog Adolf (1544-1586) begründete die hier bis 1713 regierende Linie der Herzöge von Schleswig-Holstein-Gottorf. Er und sein Sohn, Herzog Johann Adolf (1590-1616), vollendeten im Laufe des 16. Jahrhunderts den Umbau bzw. die Erneuerung der Burg zum Residenzschloß, insbesondere durch den Bau des Nordflügels unter Hinzuziehung von italienischen und niederländischen Baumeistern. Herzog Friedrich III. (1616-1659) widmete sich vor allem der Modernisierung der Innenräume (am besten erhalten im Obergeschoß des Nordflügels) und der Gestaltung von Gartenanlagen (erhalten sind Reste des Fürstengartens am ansteigenden ehemaligen Schleiufer im Norden). Seine besonderen Interessen galten den Wissenschaften und den schönen Künsten. Unter seiner Herrschaft erreichte die Gottorfer Hofkultur ihren Höhepunkt.

Die Regierungszeit Herzog Christian Albrechts (1659-1694) wurde seit den 1670er Jahren durch politische Rivalitäten mit Dänemark überschattet, die sich schon unter seinem Vater entwickelt hatten und Gottorf an die Seite Schwedens drängten. Die Erweiterung des Fürstengartens und die Planung eines für das kleine Territorium viel zu großen Neubaus des Schlosses im schwedischen Barock-Klassizismus waren Ausdruck seines Selbstbehauptungswillens. Sein Sohn Friedrich IV. (1694-1702) machte das Herzogtum zu einem schwedischen Militärsatelliten. Der Nordische Krieg wurde ihm zum Verhängnis: 1702 fiel er als Offizier König Karls VII. von Schweden in der Schlacht bei Klissow (Polen). 1713 besetzten die Dänen den Gottorfer Anteil am Herzogtum Schleswig, der 1720 mit dem königlichen vereinigt wurde. Schloß Gottorf fiel unter die dänischen Provinzialschlösser. Vom Neubau war nur der Südflügel ohne Ausstattung fertig geworden, der als Sitz des dänischen Statthalters eingerichtet wurde. Der größte Teil des reichen Schloßinventars, die berühmte Kunstkammer und die Bibliothek Herzog Friedrichs III. gelangten nach Kopenhagen. Die Festung und die Gartenanlagen wurden nur noch notdürftig unterhalten. 1843 bis 1848 schob man die Festungswälle in den Burgsee und vergrößerte so die Insel. In der Schleswig-Holsteinischen Erhebung 1848/50 diente das Schloß als dänisches Lazarett. 1850 wurde es dänische, 1867 preußische Kaserne. Seit dieser Zeit wurde es im Äußeren vereinfacht und im Inneren mehrfach umgebaut. Auf dem östlichen Teil der Schloßinsel entstanden ab 1850 Stallungen mit dem sogenannten Kreuzstall im Zentrum sowie ein Exerzierhaus im Westen. Diese Gebäude wurden in preußischer Zeit ergänzt. Der Neuwerkgarten diente mit seinen Terrassen als Exerziergelände.

1947/48 wies die Landesregierung die Schloßinsel mit dem gesamten Gebäudebestand den neu gegründeten Landesmuseen und dem Landesarchiv zu. Eine Grundinstandsetzung ab 1972 bot Gelegenheit, durch denkmalpflegerische Freilegungen und Teilrekonstruktionen Spuren der Geschichte wieder sichtbar zu machen. Die Ankaufpolitik des Landesmuseums für Kulturgeschichte widmet sich besonders Zeugnissen der Gottorfer Hofkultur, deren Präsentation in den historischen Räumen eine Vorstellung von der einstigen Ausstattung des Schlosses vermittelt. Zugleich wurde das Landesmuseum durch Stiftungen zu einem Hort der klassischen Moderne. Die denkmalpflegerischen Bemühungen der kommenden Jahre werden sich auf die Wiedergewinnung der Grundformen des Neuwerk-Gartens konzentrieren, der nach dem Zweiten Weltkrieg zum größten Teil aufgeforstet worden war.

Die Hauptfassade des **Schlosses** bildet der - ursprünglich rosa verputzte - **Südflügel**. Der wuchtige Bau von drei Vollgeschossen und einem Zwischengeschoß wurde mit seinen 27 Achsen über einem geböschten Sockel in den Jahren 1697 bis 1703 errichtet. Horizontale und vertikale Wandstreifen trennen die Geschosse und fassen jeweils drei Achsen zusammen. Über den Mittelachsen erhebt sich ein zweigeschossiger Turm mit kupferner Schweifhaube und Laterne. Ein triumphbogenartiges Sandsteinportal, dessen kolossale Säulenpaare vor dem ersten Obergeschoß einen Balkon tragen, setzt in der ansonsten nüchternen Fassade einen deutlichen Akzent. Das Monogramm des Bauherrn in einer trophäengeschmückten Kartusche im Portalgebälk ließ der dänische König Friedrich VII. bei der Umnutzung des Schlosses zur Kaserne auf seinen Namen abändern. Der freistehende östliche Teil des Südflügels zeigt den Ansatz für den Ostflügel des geplanten Neubaus.

Der Außenwand des alten **Ostflügels** ist nicht mehr anzusehen, daß in ihr die mittelalterliche Wehrmauer steckt, die bis in die Giebelwand des Nordflügels reicht. Der **Nordflügel** wurde nach einem Schloßbrand 1564 unter Einbeziehung gotischer Teile neu errichtet, vollendet um 1590. Dabei wurde er in seiner Tiefe über die Wehrmauer hinaus, die den gesamten Flügel in Längsrichtung teilt, verdoppelt. Die mit sieben Dacherkern akzentuierte und durch ehemalige Abtrittpfeiler gegliederte Nordfassade wirkt trotz Veränderung der Fenster, Reduktion der Ziergiebel und Verputzung in der Kasernenzeit großzügig und straff gegliedert.

Der **Westflügel** wurde als dreigeschossiger Palastbau König Friedrichs I. nach 1530 begonnen. Er entstand außerhalb der alten Wehrmauer, die dort stand, wo heute die repräsentative Schaufront des Gebäudes den Hof abschließt. Den Abschluß bildeten vier parallele Giebeldächer. Sie wurden Anfang des 19. Jahrhunderts durch ein viertes Geschoß mit durchgehendem Traufendach ersetzt. Wegen des schlechten Baugrundes mußten nachträglich Stützpfeiler angefügt werden. Den runden Eckturm mit Kegeldach, den sog. Schlachterturm, ließ König Christian III. um 1540 als Geschützturm errichten.

Im **Innenhof** wird der Blick von der Schaufront des Westbaus angezogen. Sie wurde 1978 bis 1985 vom Zementputz der Kasernenzeit befreit und unter Rekonstruktion eines Erkers in der Mitte restauriert, der 1871 einer Pulverexplosion zum Opfer gefallen war. Ursprünglich schloß sie mit zwei hohen Ziergiebeln ab, von denen sich Reste im vierten Geschoß erhalten haben. Die Gliederung durch Lisenen, Gesimse, große Kreuzstockfenster und die gerüsthaften Konstruktionen von Mittelerker und Treppenturm in der rechten Ecke sind noch spätgotisch.

Zahlreiche kleine, dekorativ verwendete Reliefs mit modisch aufgeputzten Profilköpfen und gebündelte Baluster an den Ecken des Erkers sind Bauornamente, in denen sich erstmals im Norden der Stil der internationalen Frührenaissance zeigt. Erhaltene Steine wurden als Spolien in die Rekonstruktion einbezogen.

In den geputzten Feldern über dem Portal und den Fenstern der Fassade sowie des Erkers muß man sich architektonisch gerahmte Reliefs vorstellen mit korrespondierenden Szenen aus dem Alten und Neuen Testament, wie noch im oberen Geschoß des Treppenturms erhalten. Darunter befinden sich dort Tugendreliefs nach Stichvorlagen des Nürnbergers Georg Pencz (um 1528). Die heute steinsichtige Fassade war im 16. und 17. Jahrhundert stark farbig gefaßt: Wandflächen grau, Lisenen schwarz, Gesimse, alles Rahmenwerk ocker, alle Reliefs bunt vor azuritblauen Gründen, bunt auch die Baluster. Ursprünglich muß die Farbigkeit jedoch dezenter gewesen sein, wie die horizontalen Kalksteinbänder andeuten, die im Schichtwechsel mit gelben Ziegeln die Fassade gliedern. Jedenfalls war die Schaufront in ihrer Gliederung, Formensprache und in ihrem Bildreichtum ein opulentes, in den 1530er Jahren in Nordeuropa einzigartiges Werk und wahrlich eines Königspalastes würdig.

Sandsteinportal an der Hauptfassade

Die übrigen geputzten und weiß gestrichenen Wände des Innenhofes wirken kasernenmäßig nüchtern. Am Nordflügel fallen das **Sandsteinportal** der Schloßkapelle um 1580 und das Sandsteinportal zum Treppenhaus aus dem späten 17. Jahrhundert auf. Dazwischen befindet sich ein Wandbrunnen des Barock mit Delphin, am Ostflügel der 1907 erneuerte Treppenturm von 1664 mit originalem Sandsteinportal.

Im **Inneren** haben die zahlreichen Umbauten in der Kasernenzeit nur wenige Räume verschont. Im Südflügel wurde das großartige hölzerne Treppenhaus, das sich mit der Hofdurchfahrt zu einer zentralen Halle verband, in den 1870er Jahren völlig neu gestaltet. Erhalten blieben die gewölbten hofseitigen Flure des Flügels, die nach beiden Seiten abgehen und das Erd- und Zwischengeschoß zusammenfassen.

Vom linken Flur gelangt man in eine große zweischiffige **Gewölbehalle** der Spätgotik. Die sogenannte „Gotische Halle" wurde, wie die Fenster zeigen, zwar rücksichtsvoll, aber nicht ohne Schwierigkeit in den Barockbau einbezogen und stammt noch aus der ersten Umbauphase der Burg unter Herzog Friedrich um 1500. Acht Sandsteinsäulen mit derben Kapitellen und Basen sowie Wandkonsolen tragen etwa quadratische Kreuzrippengewölbe. Diese einzige profane Großhalle des ausgehenden Mittelalters, die sich hierzulande erhalten hat, wurde im späten 17. Jahrhundert für die Bibliothek genutzt (die gemalten Tierkreiszeichen im Gewölbe dienten der Ordnung der Buchbestände).

Der Westflügel war einst in allen Geschossen gewölbt und luxuriös mit Kaminen versehen. Von seiner Ausstattung haben sich nur im ersten Obergeschoß zwei gewölbte Räume erhalten, von denen der eine reiche Stukkaturen aus der Zeit Herzog Friedrichs III. enthält. Im Nordflügel blieben die Gewölbe erhalten. Jeweils ein Gewölbe überdeckt eine der

Schloßkirche mit Blick auf den herzoglichen Betstuhl

Raumeinheiten, die nach Bedarf untereinander verbunden systematisch beiderseits der starken Mittellängswand in zwei Reihen angeordnet sind. In drei nach Norden gelegenen **Wohngemächern** im westlichen Teil des Flügels, die Herzog Friedrich III. um 1624 für sich einrichtete, sind die Gewölbe stuckiert, am reichsten im sogenannten **Blauen Saal** mit Früchtegehängen, Masken, Cherubinen und Vögeln sowie Architekturprospekten, die ursprünglich naturalistisch gefaßt waren, während die ornamentalen Formen vergoldet waren.

Blauer Saal im Nordflügel

Aus Räumen des Hauptgeschosses gelangt man über den Zugang der herzoglichen Familie auf die Empore der **Schloßkirche**. Die Kirche wurde um 1590, wie die Fensteranordnung und die beiden Gewölbe zeigen, nachträglich in die Mitte des Nordflügels eingefügt. Sie ist durch das Erd- und Obergeschoß geführt und nimmt die gesamte Raumtiefe des Flügels ein. Architektonische Gestalt erhält der Raum durch die hölzerne, von reich verzierten Säulen getragene umlaufende Empore, die zusammen mit der Kanzel und dem Gestühl 1590 bis 1592 von dem Tischler Heinrich Kremberg geschaffen wurde. Die Gemälde in der Emporenbrüstung mit Darstellungen des Lebens Christi stammen von Marten van Achten. 1609 bis 1615 wurde der den Altarbereich überbrückende, kostbar vertäfelte fürstliche **Betstuhl** von den Hoftischlern Andreas Salgen und Jürgen Gower eingefügt. Seine farbig gefaßte Schaufassade mit den Wappen von Herzog Johann Adolf und dessen Gemahlin, Herzogin Augusta, einer Schwester König Christians IV. von Dänemark, beherrscht den Kirchenraum. Von der Orgel gegenüber hat sich nur das

Gehäuse erhalten. Es wurde im wesentlichen 1567 von dem Schnitzer Jan van Groningen für die zunächst im Ostflügel gelegene Kapelle geschaffen, bei der Versetzung um eine Art Brustwerk ergänzt und später mehrfach erweitert. Die Aufstellung des Gestühls und die Buntfarbigkeit, die die (an der Orgel freigelegte) originale Farbfassung der Kapelle vergröbert, stammen von einer Restaurierung um 1856/58. Der kostbare Ebenholzaltar von 1666 mit Silberrelief ist eine hamburgische Arbeit.

An die Schloßkirche schließt im Obergeschoß östlich der **Hirschsaal** an, der Fest- und Bankettsaal des Schlosses. Er beansprucht ebenfalls zwei gewölbte Raumeinheiten in der Tiefe des Nordflügels. Die einheitliche Dekoration entstand um 1585/90. Sie wurde 1927 bis 1931 freigelegt und ergänzend wiederhergestellt. Die Freilegung erlaubte vor allem die gut erhaltene dekorative, in der Wirkung sgraffitomäßige Schwarzweißmalerei, die die Gewölbekappen mit grotesken Schweifornamenten und eingefügten Darstellungen aus der römischen Geschichte überzieht. Im Gegensatz hierzu steht die Buntfarbigkeit der Wandgestaltung, die bei der Restaurierung weitgehend frei nachempfunden wurde. Über einer gemalten Draperie zieht sich ein teils gemalter, teils in Stuck reliefierter Fries mit äsenden und überlebensgroßen liegenden Hirschen in einer Landschaft hin. Nach dem Vorbild des teilweise vollplastischen Hirschs auf dem Kaminsturz, der sich mit einer Geweihtrophäe von 1595 als einziger erhalten hatte, sind die Tiere, von denen nur die Umrisse erkennbar waren, neu in Stuck geformt worden. Eine breite Nische an der Hofwand deutet darauf hin, daß hier einst ein Erker anschloß. Eine Nische in der östlichen Längswand diente als Anrichte oder für Musikanten.

Hirschsäle dieser Art waren im 16. Jahrhundert in nordeuropäischen Schlössern und Herrensitzen beliebt (erstes Beispiel in Schloß Güstrow in Mecklenburg 1563/64). Sie gaben der Jagdleidenschaft des Hochadels monumentalen Ausdruck. Der Hirschsaal ist unmittelbar durch eine vom Schloßhof betretbare **Treppe** "italienischer Art" zu erreichen, in der erstmals im Lande statt eines Treppenturms mit Wendeltreppe ein in das Gebäude integriertes Treppenhaus ausgeführt wurde. Charakteristisch sind die geraden, gegenläufigen Treppen und Umkehrpodeste unter steigenden Tonnengewölben. Östlich im Anschluß an das Treppenhaus befinden sich zwei übereinanderliegende schmale Räume mit Kreuzrippengewölben des 14. Jahrhunderts.

Da auf der befestigten Schloßinsel wenig Freiraum war, mußten die Gärten außerhalb angelegt werden. Erhalten blieb das Gelände des **Neuwerk-Gartens**, der unter Herzog Friedrich III. um 1638 begonnen und unter Herzog Christian Albrecht um 1660 erweitert wurde. Es handelt sich um einen barocken Terrassengarten mit einigen baulichen und skulpturalen Resten nördlich der Schloßinsel gegenüber am Hang des ansteigenden ehemaligen Fördeufers. Diese einst hoch berühmte, im 18. und 19. Jahrhundert allmählich verfallene Anlage wird derzeit in ihren Grundzügen wiederhergestellt.

Wenn man die Schloßinsel über eine Brücke im Norden verläßt, führt ein Damm mit einer Allee unmittelbar auf eine am Hang gelegene Wasserkunst. Sie wurde 1833/34 von Bauinspektor Wilhelm Friedrich Meyer unter Verwendung von Teilen einer **Kaskade** gestaltet, die 1692/93 nach Plänen von Nikodemus Tessin geschaffen worden war. Von der Barockanlage blieb die perspektivische Treppe erhalten, in der Mitte eine Wassertreppe, die von Delphinen und Gebinden aus Muscheln und Seetieren eingefaßt wird. Das Wasser kommt aus dem Maul eines Delphins, auf dem ein (rekonstruierter) trompetender Putto reitet. Die Sandsteinarbeiten sind Kopien von 1758/59. Ursprünglich waren sie von Theodor Allers in Holz ausgeführt gewesen. Oberhalb der Wassertreppe im Hang erhebt sich ein klassizistischer Antentempel mit Wandbrunnen an der Stelle eines Nymphäums, von dem zwei korinthische Sandsteinsäulen und Kapitelle wiederverwendet wurden. Dem Tempel entspricht am Fuß der Kaskade ein runder Platz mit einem achteckigen Wasserbassin. In seiner Mitte steht ein gußeiserner **Schalenbrunnen**, der in der Carlshütte bei Rendsburg gegossen wurde. Um den Platz wurden sechs große Sandsteinvasen von Johann Georg Moser aus dem Jahre 1772 angeordnet. Die Wasserkunst wird vom Blauen Teich hinter dem Tempelchen gespeist.

Rekonstruierte Herkules-Gruppe

Auf gleicher Höhe wie die Kaskade befindet sich jenseits der ehemaligen Königsallee der **Herkulesteich**, ein kürzlich wiederhergestelltes querrechteckiges Wasserbassin, in dessen Mitte sich die kolossale Skulpturengruppe von Herkules im Kampf mit der wasserspeienden Hydra erhebt. Die Gruppe wendet sich dem terrassierten, heute bewaldeten Hang zu, an dessen Fuß ein halbrundes Parterre eingeschnitten ist, der sogenannte **Globusgarten**. Eine Feldsteinmauer fängt den Hang mit einer Terrasse ab. Diese Teile und die erste Terrasse sowie das terrassierte Gelände auf der anderen Seite der Königsallee überliefern den ältesten Bestand des Gartens, der von dem in Italien geschulten Gärtner Johannes Clodius geschaffen wurde. Die dazugehörige Herkulesgruppe wurde kürzlich als Abguß ihrer aus dem Teich geborgenen Trümmer wiederhergestellt, einige Originalteile im Steinkeller des Schlosses zusammengefügt. Das in vier Sektoren gegliederte Parterre war ursprünglich von einer Ziegelmauer vor der erhaltenen Stützmauer eingefaßt. Darüber führte eine Galerie, von der aus man den einst überaus reich mit seltenen Pflanzen und Skulpturen durchgestalteten Garten überblicken konnte. Im Scheitel erhob sich ein in die Terrasse hineingeschobenes dreigeschossiges Lusthaus mit flachen Dächern. Diese sogenannte

Friedrichsburg wurde 1651 bis 1654 zur Unterbringung des berühmten Gottorfer Globus errichtet. Das astronomische und mechanische Wunderwerk enthielt im begehbaren Inneren eine Himmelssphäre und konnte durch eine von Wasserkraft angetriebene Maschinerie bewegt werden. Herzog Christian Albrecht ließ den Garten nach 1660 im Anschluß an die Terrasse des Globushauses um fünf weitere, sich perspektivisch verjüngende Terrassen mit einem die Anlage bekrönenden Lusthaus, der Amalienburg, erweitern. Nach der Vereinnahmung Gottorfs durch die Dänen begann die Reduktion und die in Verfall übergehende Vernachlässigung, eingeleitet mit der Überführung des Globus 1713 als Geschenk des dänischen Königs an Zar Peter den Großen nach St. Petersburg (heute dort in einer nach Brandschaden von 1747 teilweise erneuerten Form erhalten).

Der Neuwerk-Garten machte im 17. Jahrhundert den Ruhm Gottorfs aus. Mit seiner Anlage wurde die Form des italienischen Terrassengartens im Norden eingeführt. Pflanzen, bauliche und skulpturale Ausstattung drückten die kosmologische Weltsicht Herzog Friedrichs III. aus, die sich im Globus mit höchstem wissenschaftlichem Anspruch darstellte.

(Ha)

Schlossmuseum

Besichtigung/Öffnungszeiten:

März - Okt. tägl. 9 - 17 Uhr

Nov. - Febr. 9.30 - 16 Uhr, Mo. eingeschränkt

Restaurant/Café:

Schloßkeller Tel.: 046 21/ 329 90

Anschrift/Tel.:

Schleswig-Holsteinisches Landesmuseum · Schloß Gottorf

24837 Schleswig · Tel.: 046 21/ 81 30

SCHLOSS VOR HUSUM

Das außerhalb des historischen Stadtkerns von Husum gelegene, im Laufe seiner Geschichte vereinfachte Renaissanceschloß der Herzöge von Schleswig-Holstein-Gottorf wurde denkmalpflegerisch aufwendig wieder instandgesetzt. Es erhielt die Gestalt, die es im mittleren 18. Jahrhundert als Sitz des königlichen Amtmanns erhalten hatte. Der rekonstruierte Turmhelm weist auf die historische Würde und gegenwärtige Bedeutung des Bauwerks. Es dient heute als Kulturzentrum und Museum des Kreises Nordfriesland.

Der Schloßbereich liegt im Winkel der beiden rechtwinklig aufeinanderstoßenden Hauptstraßenzüge der spätmittelalterlichen Seehafenstadt, Großstraße und Norderstraße/Neustadt. Nur ein schmaler Gang stellt die Verbindung zum Stadtzentrum, dem Markt in der Großstraße her. Die abseitige Lage erinnert daran, daß sich das Schloß auf dem Gelände eines nach der Reformation abgebrochenen Franziskanerklosters erhebt, das wie alle Bettelordensklöster in Stadtrandlage angelegt worden war. Der einstige Schloßbereich wurde in den Stadtpark einbezogen. Am besten erhalten blieb der ehemalige "inwendige Schloßplatz", der trapezförmig von einem Wassergraben umschlossen wird. Ursprünglich von niedrigen Gebäuden eingefaßt und durch ein Torhaus im Westen zugänglich, bildete er den Vorhof für den breitgelagerten, dreiflügeligen Schloßbau, der sich in 1751/52 vereinfachter Gestalt darstellt. Von den eingeschossigen traufenständigen Nebengebäuden blieben im Süden ein Anbau und im Norden das ehemalige Küchenhaus erhalten. Schmale Geländestreifen zwischen Schloß und Wassergraben im Osten und im Süden waren einst als Ziergärten gestaltet. Westlich vor der Schloßinsel befand sich der "auswendige

Schloßvorplatz". An seiner Südseite hat sich das ehemalige äußere Torhaus (Cornils'sches Haus), an der Westseite das einstige Kavaliershaus (heute Privatbesitz) erhalten. Ein Ziertor führt in den Bereich des ehemaligen Schloßgartens im Norden.

Schloß vor Husum

Die Schloßanlage wurde 1577 bis 1582 von Herzog Adolf von Schleswig-Holstein-Gottorf (1526-1586) anstelle des 1494 gegründeten, in der Reformation 1527 aufgelösten Franziskanerklosters geschaffen. Aufwendiger als das kurz zuvor fertiggestellte Schloß Reinbek (s. dort) in einem weit ab und isoliert gelegenen Landesteil entstand in Husum die nach Gottorf wichtigste Residenz des damals noch dezentral verwalteten Herzogtums: Nordfriesland mit Eiderstedt und der nördliche Teil des 1559 unterworfenen Bauernstaates Dithmarschen bildeten nämlich den größten zusammenhängenden Gottorfer Besitz, der zudem in hoher wirtschaftlicher Blüte stand.

1571 bis 1573 ließ der Herzog die Klostergebäude abbrechen. Der Schloßbau wurde vermutlich - wie in Reinbek - mit Hilfe niederländischer Bauleute auf dem freigeräumten Gelände als unbefestigter Repräsentationsbau im niederländischen Stil aufgeführt. Mit diesem Stil verband sich in Nordeuropa seit dem letzten Viertel des 16. Jahrhunderts bis gegen Mitte des 17. Jahrhunderts die Vorstellung vom modernen Bauen. Gegenüber dem heutigen Zustand waren die Seitenflügel dreigeschossig und trugen Schweifgiebel. Das Gesims des von vornherein zweigeschossigen Mitteltrakts lag etwas höher als heute. In den beiden Gebäudeecken standen polygonale Treppentürme mit Zwiebelhauben. Hoch ausgezogene

Schornsteine mit Zierhauben ergänzten die Türme zu einer malerischen Silhouette. Ein vollständiges Bild des Schlosses und seiner Nebengebäude überliefern Stiche im "Den Danske Vitruvius" von Lauritz de Thurah, Kopenhagen 1749 und ein danach gefertigtes Modell im Museum.

Die Einrichtung des Schlosses war beim Tode Herzog Adolfs noch unvollständig und bescheiden. Der Ausbau und die Ergänzung des Gebäudebestandes, die Umbauung des Vorhofes und das äußere Torhaus zur Stadt von 1612 (Cornils'sches Haus), erfolgten erst, nachdem Herzog Johann Adolf (1575-1616) das Schloß 1610 seiner Gemahlin Augusta von Dänemark, einer Schwester König Christians IV., übereignet hatte. Sie hielt hier bis zu ihrem Tode 1639 Hof. Unmittelbar danach übernahm deren Schwiegertochter, die sächsische Prinzessin Maria Elisabeth, Gemahlin Herzog Friedrichs III., das Schloß als Leibgedinge. Sie hat es 1660 bis 1684 als Witwe dauernd bewohnt. Danach wurde es nur noch gelegentlich genutzt und gelangte, als der Gottorfer Anteil am Herzogtum Schleswig nach dem Nordischen Krieg (1700-1720) an Dänemark fiel, in Besitz der dänischen Krone. 1751/52 wurde es durch Bauinspektor Johann Otto Müller zum Sitz des königlichen Amtmanns vereinfacht und zugleich zur gelegentlichen Absteige des Königs modernisiert. 1792 brach man den Turmhelm ab. Nach 1867 diente das Schloß als Dienstsitz des preußischen Landrats. Die von Umbauten begleitete Nutzung als Landratsamt wurde bis 1972 aufrechterhalten. Nach Auszug der Kreisverwaltung in den Neubau des Kreishauses für den 1970 entstandenen Großkreis Nordfriesland, entschloß man sich zu einer denkmalpflegerischen Grundinstandsetzung des Schlosses als Kreis-Kulturzentrum. Dabei wurde das Schloß 1976 bis 1989 weitgehend in den Zustand von 1752 zurückversetzt.

Das **Schloß** stellt sich seit 1752 als zweigeschossiger Ziegelbau mit kurzen Seitenflügeln, Satteldächern mit schlichten Giebeln über den Schmalseiten der Seitenflügel und mit rechteckigem Mittelturm dar. Der hohe holzkupferne Turmaufsatz wurde zusammen mit dem obersten

Torhaus des Schlosses von 1612

Turmgeschoß 1980 nach alten Ansichten nachgebaut. Da man sich 1751/52 im wesentlichen auf die Vereinfachung des Renaissancebaus und eine bescheidene Modernisierung des Inneren beschränkt hatte, blieb viel vom ursprünglichen Bestand erhalten. Das rotsteinsichtige Mauerwerk wird - wie in Schloß Reinbek - durch ein Gesims in Sohlbankhöhe des Obergeschosses und weitere, umlaufende Sandsteinbänder belebt, in denen sich die horizontale Teilung der ursprünglichen Steinkreuzfenster fortsetzte. Die Fenster, deren Größe und Lage noch weitgehend unverändert sind, entsprechen den im 18. Jahrhundert in Holz erneuerten.

Hauptzugang war das derbe Sandsteinportal im Treppenturm, über dem ein Sandsteinwappen Herzog Johann Adolfs mit Datum 1613 auf den inneren Ausbau weist. Die Wendeltreppe blieb erhalten. Im Mitteltrakt fügte Bauinspektor Müller an der Hofseite Flure und in der Mitte ein bequemes hölzernes Treppenhaus ein. Der rechte Flur führt zur ehemaligen **Schloßkapelle** im Erdgeschoß des Südflügels. Sie wurde erst nach 1616 von Herzogin Augusta eingerichtet und 1982 von Einbauten des 19. Jahrhunderts befreit (davon erhalten blieb die Kaminnische). Die westliche Abschlußwand des über dem Altar hoch gelegenen Fürstenstuhls wurde modern erneuert. Eine hölzerne Wendeltreppe stellte die Verbindung zu den 1610/12 ausgebauten Privatgemächern der Herzogin im Obergeschoß dar. Von dem gleichzeitig vor dem Giebel aufgeführten polygonalen Erker blieb das Untergeschoß mit seinem Gewölbe erhalten. Die reiche Ausstattung der Kapelle wurde zerstreut (der Augsburger Silberaltar von 1620 befindet sich im Nationalmuseum Kopenhagen). Die heutige Einrichtung vereinigt Ausstattungsstücke aus verschiedenen Kirchen.

Die **Hauptträume** befinden sich wie üblich im Obergeschoß. Die spätbarocke Treppe führt den Besucher zum Hauptsaal linker Hand, an den sich nach der im 16. Jahrhundert in französischen Königsschlössern ausgebildeten zeremoniellen Raumfolge die herrschaftlichen Gemächer anschlossen. Der **Rittersaal** nimmt die gesamte Breite des Flügels ein. An seinem Kopfende befindet sich seit 1992 ein gefärbter Gipsabguß des Prachtkamins von 1612/14, den der Bildhauer Hennig Heidtrider für diese Stelle geschaffen hatte. 1919 war das Original dem Bode-Museum in Berlin überlassen worden, wo es sich noch befindet. Der Fries im Sturz wird in ganzer Breite von einem Relief ausgefüllt, in dem figurenreich der Kampf des Lebens und des Todes dargestellt ist. Im Original ist dieses Relief, wie auch die kleinen Reliefs am Sturz, aus Alabaster, während der architektonische Aufbau der Kaminverkleidung aus schwarz gefärbtem Sandstein besteht. Zwei vergoldete Figuren, Perseus und Andromeda, flankieren die Feueröffnung. Da die Decke des Obergeschosses beim Umbau 1751/52 niedriger gelegt wurde, mußten die bekrönenden Wappen des herzoglichen Paares, die sich in architektonischem Aufsatz präsentierten, in einer kleineren Kartusche in zeitgemäßer Rokokoform neu angeordnet werden.

Das anschließende ehemalige **Audienzgemach** wird von einem gleichzeitig entstandenen, jedoch vergleichsweise altertümlichen Sandsteinkamin beherrscht. Sein Dekor im Stil der niederländischen Renaissance besteht aus großen Balustersäulen und allegorischen Triumphzügen im Fries. Die Farbfassung ist hier wie an allen anderen Kaminen im Schloß die freigelegte ursprüngliche. Im folgenden einstigen **Schlafgemach** befindet sich ein kleiner Kamin von Heidtrider mit Alabasterreliefs des Paris-Urteils und des Raubs der Helena an der Stirnseite. Der beste im Original erhaltene **Prunkkamin** Heidtriders steht im mittleren Raum der von einem Flur erschlossenen Raumfolge links des Treppenhauses. Der Sturz wird von zwei Putten getragen, die auf einem hohen Beschlagwerkpostament knien. Der Fries zeigt den Triumph der Fortuna als breites Alabasterrelief. Der verkürzte Aufsatz enthält ein Porträtmedaillon des Herzogs Johann Adolf. Über die Räume und das Treppenhaus verteilen sich Gemälde aus der einst großen Sammlung des Schlosses, darunter zahlreiche Porträts von Mitgliedern des herzoglichen Hauses.

Das ehemalige **Torhaus** des äußeren Schloßplatzes, das Cornils'sche Haus, wurde 1612 errichtet. Es ist ein zweigeschossiger, weiß geschlämmter Ziegelbreitbau mit Zierformen aus Sandstein. Ursprünglich war er rotsteinsichtig. Schweifgiebel erheben sich über den Schmalseiten und der Mitte mit dem einstigen, rundbogigen Durchfahrtportal, gerahmt von rustizierten Doppelpilastern. Das Gebälk an der Stadtseite trägt die kaum mehr leserliche Bauinschrift Herzog Johann Adolfs, darüber das 1982 neu geschaffene Wappen der Herzogin Augusta. Beiderseits in Nischen befinden sich lebensgroße Sandsteinfiguren von Athene und Venus und in den Zwickeln der Portalrahmung vollplastische Kriegerköpfe.

Der zusammen mit dem Schloß angelegte **Garten** verfiel nach dem Tode von Herzogin Maria Elisabeth. 1878 wurde das Gelände von der Stadt erworben und nach Entwurf des bekannten Landschaftsgärtners Friedrich Joachim Christian Jürgens aus Ottensen als Stadtpark mit Bodenmodellierungen und einem umlaufenden Weg (belt-walk) neu gestaltet. Der später hinzuerworbene Baumgarten im Osten blieb dagegen flach. Von hier aus breiten sich Krokusse, die wohl schon dem Barockgarten zuzurechnen sind, teppichartig über das ganze Gelände aus. Sie sind in der Blüte eine weitberühmte Attraktion Husums. Im Westteil des Parks befindet sich das 1898 errichtete Denkmal des Dichters Theodor Storm (1817-1888), der in Husum geboren wurde und gewirkt hatte, eine überlebensgroße Bronzebüste von Adolf Brütt. *(Ha)*

Schlossmuseum mit wechselnden Ausstellungen

Besichtigung/Öffnungszeiten:

März (mit Beginn der Krokusblüte) - Okt.: Di.-So. 11 - 17 Uhr

Anschrift/Tel.:

Schloß vor Husum · Prof. Ferdinand-Tönjes-Weg · 25813 Husum
Tel. 048 41/ 89 73-130

HERRENSITZ HOYERSWORT

Etwa eineinhalb Kilometer südlich des Oldensworter Kirchorts liegt in der freien Marsch das Gut Hoyerswort, das einzige seiner Art auf der bäuerlichen Halbinsel Eiderstedt. Besondere Bedeutung hat das Herrenhaus des 16. Jahrhunderts, das zu den wenigen Herrschaftsbauten der Zeit gehört, die ihren Renaissancecharakter weitgehend bewahren konnten.

Der kleine Gutshof wird von einem doppelten Grabensystem eingefaßt, das das Herrenhaus, einen Wirtschaftshaubarg und einen Baumgarten umschließt. Die Gräben und der gedrungene Turm des Herrenhauses verleihen dem Anwesen noch einen wehrhaften, burgähnlichen Charakter. Der relativ schmale Baukörper des Haupthauses mit seinem langgestreckten, rückwärtigen Flügel vermittelt einen Eindruck von der Bescheidenheit herrschaftlicher Wohnsitze des 16. Jahrhunderts.

Als Erbauer ist Caspar Hoyer (1540-1594), der Eiderstedter Staller (Statthalter) Herzog Adolfs von Schleswig-Holstein, überliefert. Der Sproß einer in Husum ansässigen nicht adligen Offiziersfamilie begann nach gelehrten Studien eine Beamtenkarriere am Gottorfer Hof. Seit 1563 war er Herzoglicher Rat und wurde enger Vertrauter seines Herrn. 1564 schenkte dieser ihm ein Gut nahe bei Husum, das alsbald den Namen "Hoyerswort" trug. Zahlreiche Reisen im Dienste des Herzogs und diplomatische Missionen verhinderten zunächst wohl den Ausbau des Besitzes, so daß der herzförmige Anker in der Ostfassade des Herrenhauses mit den Initialen CH und der Jahreszahl 1564 eher als Hinweis auf die Schenkung als auf den Baubeginn zu verstehen ist. Erst als Caspar Hoyer 1578 Staller der drei Lande Eiderstedt, Everschop und Uthholm wurde, ergab sich die Notwendigkeit eines festen Sitzes in seinem Amtsgebiet. Im selben Jahr erhielt Hoyerswort die Privilegien eines adligen Gutes. Für das Herrenhaus ist demnach ein Baubeginn kurz vor 1580 wahrscheinlich, aber auch zehn bis fünfzehn Jahre früher möglich. Mit Caspar Hoyers Tod 1594 war der Hauptbau vollendet, vermutlich aber bereits vor 1590. Auch der Flügelanbau wurde noch zu seinen Lebzeiten in einem ersten Abschnitt abgeschlossen.

Hermann Hoyer übernahm von seinem Vater das Stalleramt, das er bis zu seinem Tod 1622 behielt. Im Jahre 1599 hatte er sich mit Anna Ovena (1584-1655) vermählt, Tochter und Erbin aus reichem eiderstedtischem Bauerngeschlecht. Zunächst wohnte das Paar auf Hoyerswort, zog aber nach 1603 ins Tönninger Schloß, wo es bis zu Hermanns Tod residierte. Nach ihrer Rückkehr nach Hoyerswort geriet die Witwe unter den Einfluß des Sektierers Nicolaus Knutzen gen. Teting. Die finanziellen Verhältnisse, die beim Tode Hermanns schon zerrüttet waren, verschlechterten sich. Hoyerswort wurde verpfändet und 1631 von Annas Gönnerin, der Herzoginwitwe Augusta, erworben. 1647 übertrug Herzog Friedrich III. Hoyerswort Joachim Danckwerth, einem Bruder des berühmten Chronisten Caspar Danckwerth. Joachim war seit 1641 als Kammermeister in Gottorfer Diensten tätig, ebenso wie sein ältester Bruder Theodor, der Herzoglicher Rat und seit 1635 Staller in Eiderstedt war. Nach 1732 wechselten die Besitzer des mehrfach in Konkurs gegangenen Gutes rasch, bis es 1771 von Boy Hamkens erworben wurde, dessen Nachfahren es noch heute bewirtschaften und das Herrenhaus bewohnen.

Für die Baugeschichte des Herrenhauses waren bedeutsam: die Jahre nach Caspar Hoyers Berufung zum Staller 1578 bis zu dessen Tod 1594 (Erbauung des Haupthauses), die Jahre seines Sohnes Hermann bis zum Auszug 1603 (erster Abschnitt des Rückflügels), die Witwenzeit Annas 1622 bis zum Verkauf an die Herzoginwitwe 1631 (Vollendung des Rückflügels) und die Zeit in Danckwerthschem Besitz ab 1647. Zuletzt beschränkten sich die Baumaßnahmen auf den Innenausbau des Hauses.

Das **Herrenhaus** ist ein zweigeschossiger, geschlämmter Backsteinbau über L-förmigem Grundriß mit den entsprechenden Satteldächern. Das breitgelagerte Haupt- oder Vorderhaus zeigt an den Schmalseiten im Norden und Süden mehrfach gestufte Schweifgiebel mit horizontaler Gesimseinteilung, bekrönt von Firstschornsteinen. Das Traufengesims besteht aus zahnschnittartig angeordneten Backsteinen. Umlaufend teilt ein Gurtgesims das Erd- und Obergeschoß. Die Breitfront (Ostseite) ist asymmetrisch gestaltet. Links in der zweiten Achse ist ein polygonaler Treppenturm mit einer 1960 rekonstruierten Welschen Haube vorgesetzt, daneben, zur Mitte hin, ein erkerartiger Ausbau mit abgeschlepptem Dach. Die Traufe scheint ehemals höher gesessen zu haben; ein abschließendes Gesims fehlt. Die nördliche Hälfte der Ostfassade wird heute durch vier Achsen gegliedert. Das Hauptportal sitzt nachträglich verschoben in der zweiten Achse von Norden nach rechts, eine rundbogige Öffnung aus Werksteinen, flankiert von zwei schlanken Pilastern. Im gesprengten Giebel befindet sich eine Wappenkartusche mit Knorpelwerk und Maske, die wohl um 1640/50 hinzugefügt wurde. Die Angabe ANNO 1750 auf einem Relieffries zwischen Portalgebälk und Giebel bezieht sich auf Veränderungen im Hause.

Am Hauptbau lassen sich im **Inneren** zwei Bauabschnitte unterscheiden. Der älteste Teil ist der südliche, unterkellerte. Ursprünglich enthielt er in beiden Geschossen jeweils nur einen über die ganze Haustiefe durchgehenden Raum. Im hoch gelegenen Erdgeschoß überschneidet eine Zwischenwand des 18. Jahrhunderts eine kassettierte und stuckierte Balkendecke mit kleinen Masken, Blumen und Vogelmotiven in den quadratischen Feldern, die um 1640/50 eingezogen worden ist. Der kleine Treppenturm war ehemals einziger Zugang zum Haus mit einer hochliegenden und damit gesicherten Tür. Mit dem Anbau nach Norden als zweitem Bauabschnitt im 16. Jahrhundert wurde der Hauptzugang an die heutige Stelle verlegt. Dabei erhielt er im Zuge von Umbauarbeiten im 18. Jahrhundert das repräsentative Eingangsportal,

Hauptbau des Herrenhauses mit Treppenturm und Schweifgiebeln

das in eine Dielenhalle führt. Im Obergeschoß entstand ein weiterer Saal mit einem repräsentativen Kamin an der nördlichen Giebelwand. Das Haus besitzt einen bemerkenswerten Kniestock-Dachstuhl aus der Erbauungszeit in niederländischer Krummbinderkonstruktion, wie wir ihn noch in Schloß Reinbek oder im Torhaus von Gut Seedorf finden (s. dort).

Der langgestreckte **Rückflügel** wurde abschnittweise im 16. und 17. Jahrhundert errichtet. Das ist am besten an den unterschiedlichen Fensterformen auf der Süd- oder Gartenseite ablesbar. Der erste Abschnitt (etwa das erste Viertel des Flügels umfassend) entstand noch in den Jahren 1591 bis 1594. Auf der Gartenseite sitzt ein kleines Sandsteinportal von 1594. Zwischen diesem Teil und dem zweiten Abschnitt ganz im Westen, der in mehreren Etappen im frühen 17. Jahrhundert entstand und vor allem Küchenräume mit riesigem Kamin und eine Räucherkammer enthielt, liegt ein großer, durch beide Geschosse geführter Saal. Es handelt sich um den sogenannten Tanz- oder Festsaal, der um 1620/25 an Stelle älterer Räume eingefügt wurde. Ein verbretterter Emporengang über reich mit Diamant- und Beschlagwerk verzierten Konsolen verbindet im Obergeschoß die beiden Hausteile rechts und links des Saales. Ein mächtiger Freipfeiler mit Schachbrettbemalung gibt ihm zusätzlichen Halt. Im Küchentrakt wurden vor einigen Jahren Ferienwohnungen eingebaut, die die ursprünglichen Raumstrukturen, Kamine und bemalte Balkendecken berücksichtigen.

Neben dem Herrenhaus steht eine kleine, reetgedeckte **Haubargscheune** von 1704, die 1986 unter Wahrung der alten Konstruktion zur Viehaufstallung umgebaut wurde.

(Schu)

Privatbesitz

Besichtigung/Öffnungszeiten:

innen und außen nach Absprache

Anschrift/Tel./Fax:

Fam. Hamkens · Hoyerswort · 25870 Oldenswort

Tel. 048 64/ 294 oder 359 · Fax 293

GUT ALTENHOF

Altenhof war seit 1691 schleswig-holsteinischer Hauptsitz der Familie Reventlow, die während des 18. Jahrhunderts neben den Bernstorffs die bedeutendsten Staatsmänner für das Königreich Dänemark stellte. Das ab 1722 errichtete, mehrfach umgebaute Herrenhaus stellt mit seiner reichen Ausstattung ein hervorragendes Dokument der Adelskultur im Lande dar, eingebettet in eine weitläufige, gewachsene und gestaltete Gutslandschaft. In dem zu einem Konzertsaal umgebauten Kuhhaus finden Konzerte und Kunstausstellungen statt, die große Scheune kann für Veranstaltungen genutzt werden.

Eine mächtige Eichenallee führt auf die Hauptachse des Gutes zu, an deren Ende leicht erhöht das mit seinen umfangreichen Zubauten heute schloßartig wirkende Herrenhaus liegt. Eine Besonderheit der Hofanlage stellen die vom üblichen Schema abweichenden giebelständigen und leicht zur Auffahrt gedrehten Wirtschaftsgebäude dar, das im Kern von 1711 stammende Kuhhaus rechts und die aus der gleichen Zeit stammende, 1863 renovierte Scheune links. Beide Gebäude wirken heute in der Gesamtansicht wie Flügelbauten der ausgreifenden Herrenhausanlage. Die Zufahrt auf den weiten gepflasterten Hofplatz wird von zwei 1858 errichteten Kavaliershäusern flankiert, die ein älteres Torhaus ersetzten. Die Geschlossenheit des früher von breiten Hausgräben umgebenen Gutshofes wird unterstrichen durch die Einbettung in einen Landschaftspark mit reichem Baumbestand, in den Anfang der 1970er Jahre behutsam ein Golfplatz eingefügt wurde.

Im engeren Umkreis um den Hof gruppieren sich Verwalterhaus, Vogtshaus, Försterei und Meierei, Bauten aus der zweiten Hälfte des

19. Jahrhunderts. Nördlich schließt an den Wirtschaftshof die sogenannte Vorstadt an, das ist eine in sich geschlossene Gruppe von früheren Instenhäusern, mit dem Gärtnerhaus von 1864. Weitere Gebäude liegen verstreut in der Feldmark und in den umfangreichen Waldungen, darunter auch drei historische Gasthäuser in unmittelbarer Nähe der Bundesstraße 76: "Schmeerhörn", ursprünglich eine Tischlerkate, und der "Grüne Jäger" - beide etwa 150 Jahre alt - und "Kiekut", 1929 neben einer aus dem 18. Jahrhundert stammenden Fischerkate am Ostseestrand erbaut.

Das Gut Oldenhave wird 1410 zum ersten Mal genannt. 1652 heißt es in Caspar Danckwerths „Neuer Landesbeschreibung" Oldenhoff. Die ersten namentlich bekannten Besitzer entstammten der alteingesessenen Familie von Brockdorff, die im 16. Jahrhundert auch auf dem benachbarten Windeby hauste. Die Brockdorffs besaßen Altenhof etwa anderthalb Jahrhunderte, ohne Bleibendes zu hinterlassen. 1691 verkauften sie das ehemals knapp 2.000 ha große Gut an den königlichen Kammerjunker und Amtmann von Sonderburg und Norburg Henning Reventlow († 1705) aus der mecklenburgischen Linie der ursprünglich aus Dithmarschen stammenden Adelsfamilie. Aus Hennings Ehe mit Margarete Rumohr von Roest entstammten zwölf Kinder. Das zwölfte, Cay Friedrich (1681-1762), setzte die Familientradition auf Altenhof fort und baute nach dem Tode des Vaters nach 1705 die Hofanlage so auf, wie sie in den Grundzügen bis in die Gegenwart besteht: die riesige Scheune, deren gewaltiges Gerüst in dem Umbau von 1863 erhalten geblieben ist, das Kuhhaus in ähnlichen Dimensionen, 1722 bis 1728 schließlich ein neues Herrenhaus, das den Kern des heute bestehenden Gebäudes bildet.

Cay Friedrichs ältester Sohn Detlev Reventlow (1712-1783) wurde einer der hervorragendsten Vertreter seines Geschlechts und stieg in hohe politische Vertrauensstellungen und Ämter unter drei dänischen

Königen auf. 1767 in den Lehnsgrafenstand erhoben, wurde er u.a. Oberpräsident von Altona, Mitglied des Geheimen Regierungsconseils und Minister, ausgezeichnet mit dem Großkreuz vom Danebrog und dem Elefantenorden, den höchsten Ehrungen, die das Königreich zu vergeben hatte. Er war auf dänischer Seite an den langwierigen Verhandlungen mit Rußland beteiligt, die 1773 zum Verzicht der Zarin auf ihre Ansprüche in den Herzogtümern führte. Zuhause konnte er mit beträchtlichen Geldmitteln seine Besitztümer arrondieren. Zu den ererbten Gütern Altenhof und Glasau erwarb er Emkendorf vom Grafen Desmercières, Wittenberg von einem Vetter aus der holsteinischen Linie, das Altenhof benachbarte Aschau und schließlich Osterrade.

Um die Wende zum 19. Jahrhundert gehörte Altenhof unter Detlevs ältestem Sohn, der nach dem Großvater wiederum Cay Friedrich hieß, zu den Herrensitzen, die neben dem immer genannten Emkendorf eine bedeutsame Rolle in der Entwicklung der Herzogtümer zur Eigenständigkeit spielten. Die untereinander vielfach verschwägerten Reventlows, Bernstorffs, Baudissins, Rumohrs und Stolbergs bildeten einen großen Familienverbund, der auf seinen Gütern alles an sich zog, was im damaligen geistigen und politischen Leben Dänemarks und Schleswig-Holsteins eine Rolle spielte. Die Hauptorte waren neben Emkendorf, Knoop, Kaltenhof, Tremsbüttel, Windeby, Falkenberg, Schleswig und Altenhof, das im Schnittpunkt vieler Wege lag. Cay Friedrich war in zweiter Ehe mit Louise Bernstorff verheiratet, einer Tochter des dänischen Staatsministers Andreas Peter Bernstorff, dessen Nachfolger er 1797 wurde.

Eugen Reventlow (1798-1885) reüssierte zunächst wie seine Vorväter im dänischen Staatsdienst, überwarf sich aber 1846 mit König Christian VIII., nahm seinen Abschied und zog sich auf seine Güter zurück. Er bestimmte die Entwicklung von Altenhof fast das gesamte 19. Jahrhundert hindurch. Zahlreiche Neubauten jener Zeit tragen neben der Jahreszahl seine Initialen. 1863 ließ er das Herrenhaus im Tudor-Stil umbauen, mit neuer Eingangsfront und Treppenturm. Sein Architekt war vermutlich Joseph Eduard Mose, von dem wohl auch die kurz vorher entstandenen beiden Kavaliershäuser an der Hofeinfahrt stammen.

Ein weiterer Umbau des Herrenhauses fand 1904 bis 1910 durch Paul Schulze-Naumburg statt. Es wurde jetzt in neubarocken Formen umdekoriert und durch Anbauten auf die schloßartigen Ausmaße erweitert, mit weitem lindenumkränztem Ehrenhof und architektonisch gefaßten Terrassen und Heckengärten vor den rückwärtigen Fassaden.

Herrenhaus Altenhof, vom Wirtschaftshof aus gesehen

Den hervorgehobenen Mittelteil des **Herrenhauses** bildet der zweigeschossige, elfachsige Bau von 1728, der lediglich äußerlich neu verputzt wurde und statt des alten Walmdaches ein Mansarddach erhielt. Original ist noch das mit Granitquadern verblendete Sockelgeschoß. Am neubarocken Säulenportikus vor dem Eingangsportal dokumentieren Zahlenanker und Namensinitialen Erbauung und Umbauphasen des Hauses. Beiderseits wurden von Schulze-Naumburg sechs- bzw. siebenachsige Flügel mit zwei Geschossen und niedrigeren Dächern angefügt, am Kopfende pavillonartig erweitert. Hieran schließen sich im rechten Winkel lange, eingeschossige Orangerieflügel mit Flachdächern, die wiederum in zweigeschossigen Pavillons mit Walmdächern enden. Auf beiden Seiten stehen in der Flucht der Flügel ältere Stallbauten, so daß das gesamte Gebäudeensemble als weiträumige Dreiflügelanlage zu großartiger Wirkung kommt.

Zur Vereinheitlichung der unterschiedlichen Bauteile wurde das ganze Gebäude verputzt und mit einem dünnen Relief aus geschoßübergreifenden Wandstreifen und Blendfeldern versehen. So erhält der ältere Teil mit seinem um ein Mansardgeschoß erhöhten dreiachsigen Mittelrisalit eine leichte Reminiszenz an den barocken Ursprungsbau, der allerdings glatt verputzt war und nur am Risalit eine Lisenengliederung aufwies. Die Dächer sind mit Schiefer in Rautenmuster eingedeckt (1986-1996 vollkommen erneuert), die Kreuzstockfenster mit Sprossenteilung von 1910.

Das **Innere** des Mittelteiles zeigt im wesentlichen die Raumgliederung des Barockbaues, im Erdgeschoß auch die Ausstattung des 18. Jahrhunderts. Man betritt zunächst das zentrale **Vestibül**, das als zweigeschossige Treppenhalle ausgebildet ist. Die dreiläufig an den Innenwänden emporschwingende Treppe hat als Geländer ein feingliedrig geschmiedetes Régence-Gitter, das im Obergeschoß in eine Galerie ausläuft. Ein fast identisches Treppengeländer, heute als Kopie, befindet sich im nahe gelegenen Herrenhaus Noer. Über den Erdgeschoßtüren wurden Doppelporträts als Supraporten verwendet, südlich der Erbauer Cay Friedrich Reventlow mit seiner Gemahlin. Nördlich gelangt man in den **Speisesaal** mit klassizistisch umfaßter Rokoko-Stuckdecke, gemalten Doppelporträts als Supraporten und wandfüllenden flämischen Gobelins mit ländlichen Szenerien. Die südlich an das Vestibül grenzende, durch die ganze Tiefe des Hauses reichende **Halle** entstand 1910 aus der Zusammenlegung zweier Räume. Bemerkenswert sind hier gemalte Supraporten mit Darstellungen von Jersbek und Schloß Bernstorff bei Kopenhagen. Von der Halle betritt man den **Gartensaal**. Er ist einheitlich im Rokoko-Stil ausgestattet mit Gobelins des 17. Jahrhunderts als Wandbespannungen, die in senkrechten Bahnen gegliedert reiches, buntes Laub- und Blumenwerk auf schwarzem Grund zeigen, rotem Marmorkamin mit Rocaillestuck, gemalten Doppelporträts als Supraporten und zartgliedriger Stuckdecke. Das anschließende, 1910 erweiterte **Musikzimmer** wurde am Anfang des 19. Jahrhunderts durch Giuseppe Anselmo Pellicia ausgemalt. Die streng architektonische Gliederung zeigt Rosengehänge, Masken und einen umlaufenden Fries mit Szenen aus der römischen Geschichte.

Neben der vorzüglichen Möblierung des Hauses ist die umfangreiche, auf Cay Friedrich Reventlow zurückgehende Bibliothek zu nennen. Die bedeutende Porträtsammlung läßt die lange Tradition des Hauses, die eng verflochtenen Familienverbindungen und die vielfältigen Beziehungen der Reventlows zum dänischen Gesamtstaat anschaulich werden.

Der **Wirtschaftshof** gewinnt durch die riesige, mit Feldsteinen gepflasterte Fläche und die charakteristische Anordnung der giebelständigen Scheunen eine Qualität, die dem dominanten, schloßartigen Charakter des Herrenhauses entspricht. Die große **Kornscheune** ist wohl zeitgleich mit dem Kuhhaus nach 1705 errichtet und nach der Giebelinschrift 1863 erneuert worden. Damals wurde der gesamte Außenbau neu aufgemauert. Den schlichten hofseitigen Backsteingiebel zieren drei große rundbogige Toreinfahrten und drei Reihen rundbogiger Luken, Erbauerinitialen, Jahreszahl und Hofuhr. Im Inneren zeigt das imposante ältere Gefüge einen fünfgeteilten Raum mit Speicherteil. Das alte **Kuhhaus** von 1711 wurde im Krieg durch Bombeneinwirkung bis auf Reste der Außenmauern zerstört, in alter Größe mit Pfannendach jedoch umgehend wiederaufgebaut. Der hofseitige Giebel zeigt die alten vermauerten Rundbogentore, Zahlenanker und Initialen des Erbauerehepaares. Nach Aufgabe der Rinderhaltung wurde das Gebäude 1988 mit dem Einbau eines Konzertsaales für 800 Personen im Dachgeschoß einer völlig andersartigen Nutzung zugeführt. Im Rahmen des Schleswig-Holstein Musik Festivals finden hier alljährlich bedeutende Konzerte, in dem zum Vestibül umgebauten Speicherteil Ausstellungen und auch private Festlichkeiten statt. Die **Kavaliershäuser** von 1862, vermutlich von Joseph Eduard Mose, fassen statt eines Torhauses die Auffahrt zum Gutshof ein.

(La)

GUT KNOOP

Das nördlich von Kiel unmittelbar am Nord-Ostsee-Kanal gelegene Gut Knoop besitzt mit seinem Herrenhaus eine der reifsten Leistungen klassizistischer Architektur im Lande. Dessen Baugeschichte ist zugleich verknüpft mit dem Ausbau der Levensau zum Eiderkanal. Um 1800 gehörte Knoop neben Emkendorf zu den bedeutenden Stätten der Adelskultur in Schleswig-Holstein.

Die Lage des Gutshofes im Landschaftsraum erfuhr durch den Bau des Schleswig-Holstein-Kanals 1777 bis 1784 eine einschneidende Veränderung. Das etwa zehn Jahre später neu errichtete, noch bestehende Herrenhaus wurde mit seiner breiten Gartenfront auf diese technische Großleistung der anbrechenden modernen Zeit ausgerichtet und ein Garten im Landschaftsstil am Kanalufer entlang entwickelt. Der harmonische Zusammenhang zwischen Herrenhaus, Garten und Kanal erlitt allerdings bei der Verbreiterung des Kanalbetts im Zusammenhang mit dem Bau des Nord-Ostsee-Kanals 1887 bis 1895 eine empfindliche Störung. Das Herrenhaus geriet in noch größere Nähe zu der internationalen Wasserstraße und büßte einen breiten Gartenstreifen ein.

Vor dem Herrenhaus liegt der Wirtschaftshof. Ein querlaufender gepflasterter Weg, der zwei einander im Osten und Westen gegenüberliegende Hofzufahrten verbindet, unterstreicht die Distanz zwischen Herrschafts- und Wirtschaftsbereich in Gestalt einer Querachse. Die westliche Zufahrt flankieren zwei Kavaliershäuser. Der gesamte Hof wird an drei Seiten durch einen Teich und zwei vermutlich auf das 16. Jahrhundert zurückgehende Wassergräben umzogen. In der Südostecke der Gesamtanlage befindet sich ein Rest vom Hausgraben des früheren Herrenhauses.

Der 1322 zum erstenmal erwähnte Adelssitz stand von 1400 bis 1613 im Eigentum der Familie Rantzau. Diese ließ wohl in der ersten Hälfte des 16. Jahrhunderts eine stattliche Wasserburg errichten, ein zweigeschossiger Bau mit Satteldach und Treppengiebeln, der von einem Hausgraben umschlossen war. Nach mehrfachem Wechsel der Besitzer, die bis auf eine 1707 vorgenommene Erneuerung des Herrenhauses keine Veränderungen durchführten, kam Knoop 1723 an die Grafen von Baudissin. 1776 übernahm Heinrich Friedrich von Baudissin nach Heirat mit Caroline, der ältesten Tochter Heinrich Carl Schimmelmanns (s. Ahrensburg), das Gut und gestaltete es mit Hilfe der reichen Mitgift seiner Frau und deren Erbschaftsgeldern durchgreifend neu. Mit der Planung wurde der in Schimmelmanns Diensten stehende Baumeister Carl Gottlieb Horn beauftragt. Horns erste Pläne von 1782/83 bezogen sich auf den Umbau des alten Wohnsitzes. Gleichzeitig wurden unter seiner Leitung die Wirtschaftsgebäude erneuert und 1783 die beiden Kavaliershäuser an der westlichen Hofzufahrt errichtet. Die vorgesehenen Gegenstücke im Osten blieben Planung.

Bald entschloß man sich, das Herrenhaus gänzlich neu zu bauen. Mit dieser Aufgabe wurde der junge dänische Architekt Axel Bundsen betraut, der das Gebäude zwischen der neuen Querachse des Hofes und dem Kanal plante. Das alte Haus wurde abgerissen und die westliche Hälfte des Hausgrabens zugeschüttet, da der Neubau in diesen Bereich hineinreichte. Nach langwierigem Planungsprozeß, der auch während der Arbeiten weiterging und immer wieder zu kostspieligen Veränderungen führte, wurde der Rohbau 1796 vollendet. Der Ausbau zog sich noch bis 1800 hin. Er erfolgte unter Beteiligung der in Emkendorf tätigen Künstler Giuseppe Anselmo Pellicia und Francesco Antonio Tadey. Die Gartengestaltung blieb Horn vorbehalten. Er bezog das Herrenhaus in einen Landschaftspark mit offenen Rasenflächen, Schlängelwegen und Baumgruppen am Kanalufer ein. Finanzielle Schwierigkeiten der Baudissins im fortschreitenden 19. Jahrhundert führten 1869 zum Verkauf des Gutes. 1903 übernahm es der

Fabrikant Gerhard Friedrich Hirschfeld, dessen Nachkommen noch heute die Eigentümer sind. Das kostbare Mobiliar des Herrenhauses ging in der Besatzungszeit nach dem Zweiten Weltkrieg verloren.

Das **Herrenhaus** richtet sich mit seiner Hauptfront zum Hof und mit seiner Gartenfront zum Kanal. Es erhebt sich über einem Kellersockel als verputzter Breitbau mit zwei parallelen flachen Walmdächern. In der rationalen Strenge seiner schlichten Gliederung schlagen sich Einflüsse der französischen Revolutionsarchitektur nieder. Die langen Fronten werden durch kräftige, dreiachsige Mittelrisalite mit großen rundbogigen Türen betont, von gleichmäßig gereihten, schmucklosen Fenstern durchbrochen und seitlich durch flach vorspringende Achsen mit übergiebelten Fenstern im Hauptgeschoß eingefaßt. Die Hofseite beherrscht der mit einer Freitreppe versehene kolossale Portikus aus vier Säulen mit sandsteinernen Basen und Kapitellen, darüber ein flacher Dreieckgiebel. Ihm entspricht an der Gartenseite eine Gliederung aus Kolossalpilastern mit schmalen Kanneluren.

Das **Innere** wird von der klaren Raumaufteilung bestimmt. Die Mitte des Hauses nehmen zwischen den Risaliten das quadratische Vestibül und der dahinterliegende tiefe Gartensaal ein. Beidseitig schließen sich jeweils zwei Raumfluchten an. In der westlichen Hälfte

Hofseite des Herrenhauses Knoop

werden sie durch einen Flur getrennt. Dort liegt auch das Treppenhaus neben dem Vestibül. In den Außenachsen befinden sich kleine Eckkabinette mit Nebentreppenhäusern. Die Repräsentationsräume beschränken sich auf das Erdgeschoß. Ihre gegenüber Emkendorf zurückhaltende Dekoration wurde nach Entwürfen Bundsens von den für diese Zeit in Emkendorf beurlaubten Künstlern ausgeführt. Tadey schuf die zumeist strengen, die Architektur unterstreichenden Stukkaturen mit ihren regelmäßigen Formfolgen, während Pellicia Wände, Türen und Decken im selben Stil wie in Emkendorf bemalte. Nur in einigen Räumen sind die Wandmalereien, Tapeten und Stukkaturen aus der Erbauungszeit des Hauses erhalten geblieben.

Im **Vestibül** bestimmt eine architektonische Wandgliederung mit flachen Rundbogennischen das Raumbild. Unterhalb des Deckengesimses läuft ein gemalter Tierfries. Der **Gartensaal** zeigt eine vergleichbare Wandfelderteilung, doch sind hier an den Langseiten vier großformatige, 1799/1800 von Ludwig Philipp Strack geschaffene Leinwandgemälde mit italienischen Landschaften nach Motiven aus Tivoli und Neapel eingefügt. Diese Ideallandschaften standen in direkter Konkurrenz zur realen Landschaft des Gartens am Kanal, der durch drei große verglaste Türen des Saales wahrzunehmen war. Der reiche Deckenstuck besteht aus kassettierten Blüten und Rosetten über einem umlaufenden schweren Konsolgesims. Westlich folgt ein kleinerer Saal, einst das **Speisezimmer**. Auffällig ist seine sockellose Wandfeldergliederung durch den reichen Stuckzierat aus pflanzlichen Motiven. Das Mittelfeld an der inneren Längswand enthält eine gemalte Nische mit einer antiken Hirtenstatue. In den stuckierten Supraporten sind Köpfe dargestellt. Die Decke ist mit einer Rosette zwischen Querbändern stuckiert und ergänzend bemalt.

Im **Salon** auf der anderen Seite des Gartensaales haben sich seltene Papiertapeten der Pariser Manufaktur Réveillon mit dekorativen

Motiven aus Hühnervögeln, symmetrischen Blütenranken und Relieftafeln nach Entwürfen von Jean Baptiste Fay erhalten. Die Tapetenstreifen wurden auf eine Leinwandbespannung geklebt und von Pellicia durch gemalte Felder mit Kandelabern und Medaillons 'en grisaille' ergänzt. Die Supraporten versah er mit Kopien antiker Gemälde aus Herkulaneum und die Kehle der Stuckdecke mit einem Vogelfries. Im ehemaligen **Schlafzimmer** nebenan befindet sich an der Decke der großen Alkovennische ein von Pellicia gemaltes Rundbild mit der Darstellung der Nacht mit ihren Kindern Schlaf und Tod. Im nordöstlichen Eckkabinett sind die Wände im pompejanischen Stil bemalt; die Supraporte stellt das Parisurteil dar.

Von der Hofbebauung des 18. Jahrhunderts blieben nur die beiden von Horn in traditionellen barocken Formen errichteten **Kavaliershäuser** erhalten. Das nördliche erlitt 1944 schwere Schäden durch eine Sprengbombe, wurde aber in alter Form wiederhergestellt. Es sind auf Kellersockeln stehende, eingeschossige breite Backsteinbauten mit Walmdächern. Die Mittelrisalite sind an den Hofseiten um ein Geschoß höher. Zu den schlichten Eingängen in der Mitte führen schmale Freitreppen. Im verwilderten Garten befindet sich östlich vom Herrenhaus an der Stelle eines früheren Aussichtspavillons, von dem aus man die Knooper Schleuse des alten Kanals beobachten konnte, ein 1912 von dem Bremer Architekten Rudolf Alexander Schröder für den Fabrikanten Hirschfeld in Renaissanceformen gebauter kleiner **Gartentempel**. *(We)*

PRIVATBESITZ

BESICHTIGUNG/ÖFFNUNGSZEITEN:
innen und außen nach Absprache

ANSCHRIFT/TEL.:
Gerhard Hirschfeld · Gut Knoop · 24161 Altenholz

Gut Emkendorf

Das südwestlich von Kiel nahe beim Westensee gelegene Gut zählte zu den größten adligen Besitzungen des Landes. Um die Wende des 18. Jahrhunderts war es eines der Zentren des geistigen und kulturellen Lebens in den Herzogtümern, geprägt durch die damaligen Besitzer, Fritz Graf Reventlow und dessen Gemahlin Julia, geb. von Schimmelmann. Sie scharten einen großen Freundeskreis aus Philantropen, Philosophen und Dichtern um sich, darunter die Grafen Stolberg, Friedrich Gottlieb Klopstock und Matthias Claudius. Der Gestaltung des Gutshofes und der reichen Ausstattung des Herrenhauses, die beispielhaft das "klassische" Bildungs- und Geschmacksideal jener Jahre veranschaulichen, kommt als Zeugnissen der Spätzeit der schleswig-holsteinischen Adelskultur unter den Einflüssen von bürgerlicher Aufklärung, Empfindsamkeit und religiöser Erweckungsbewegung eine hohe kulturgeschichtliche Bedeutung zu. Hof und Herrenhaus befinden sich im Privatbesitz, werden jedoch für öffentliche kulturelle Veranstaltungen, insbesondere dem Schleswig-Holstein Musik Festival zur Verfügung gestellt.

Der Gutshof liegt im schmalen Talgrund, einer eiszeitlichen Schmelzwasserrinne am länglichen Hasensee, der einst größer und mit dem Westensee verbunden war. Den Auslauf des Tales tangiert im Südwesten die hier am Hang einer Endmoräne geführte, als eindrucksvolle Allee gestaltete Landstraße von Kiel nach Rendsburg. Ein Rondell bereitet die im spitzen Winkel abzweigende Zufahrtsallee des Gutes vor. Eine zweite führt zu einem Außenhof des Gutes. Die Hauptzufahrt zielt auf die Mitte des Herrenhauses am Ende der langgestreckten, streng axialsymmetrisch gestalteten Hofanlage. Kein Torhaus riegelt sie ab, sondern zwei baugleiche Stall- und Remisenbauten empfangen gastfreundlich den Besucher. Dieser wird zwischen zwei großen giebelständigen Wirtschaftsgebäuden zum Ehrenhof mit dem von zwei Kavaliershäusern flankierten Herrenhaus geleitet. Dahinter breitet sich ein weitläufiger, unter Einbeziehung der umgebenden Natur angelegter Landschaftspark aus und geht allmählich in den Wald über. Der eigentliche Wirtschaftshof mit Wirtschafts- und Wohngebäuden liegt separat im Norden. Alleen verbinden ihn mit dem Haupthof und dem Rondell.

Emkendorf wird 1190 erstmals als Besitz der Herren von Westensee erwähnt. 1469 ging es an die Familie von Ahlefeldt über. Von 1595 bis 1720 war es Eigentum der Rantzaus und soll unter diesen um 1600 das größte Adelsgut im Lande gewesen sein. Die 1644 abgebrannte und danach wohl wiederhergestellte Hofanlage, über deren Aussehen nichts bekannt ist, wechselte nach 1720 mehrfach den Besitzer. Um 1730 ließ der damalige Eigentümer Feldmarschall Cuno Josua von Bülow ein neues Herrenhaus als dreiflügelige Anlage nach Plänen des hannoverschen Baumeisters Cornelius Gottfried Treu errichten. Der Innenausbau kam aber wohl erst unter Jean Henri Desmercières nach 1743 zum Abschluß. In diesen Jahren entstanden auch die beiden großen Wirtschaftsgebäude, Kuhhaus und Scheune.

1765 erwarb Detlev Graf Reventlow auf Altenhof das Gut für seinen Sohn Fritz, der 1779 die Tochter Julia des dänischen Schatzmeisters Heinrich Carl Schimmelmann (s. Ahrensburg) heiratete. 1786 zog das Paar in Emkendorf ein. Ab 1791 erfolgte ein aufwendiger Ausbau von Hof und Herrenhaus durch den Schimmelmannschen Hausarchitekten Carl Gottlob Horn. Dieser entwickelte die bestehende Anlage weiter, beseitigte ältere Gebäude in dem nun durch ein Gitter abgetrennten Ehrenhof, fügte den Vorhof mit beiden Stall- und Remisenbauten hinzu, modernisierte das Herrenhaus und stattete es zusammen mit dem italienischen Maler Giuseppe Anselmo Pellicia und dem Stukkateur Francesco Antonio Tadey völlig neu aus. Des weiteren entstanden nach seinen Entwürfen der separate Wirtschaftshof und die Alleen und Gartenanlagen im Landschaftsstil.

Diese umfänglichen Maßnahmen wurden dank des reichen Schimmelmannschen Erbes möglich. Auf zwei Italienreisen 1783/84 und besonders 1795/97 erwarb das Ehepaar eine Fülle von Kunstwerken, vor allem Gemäldekopien nach den klassischen Meisterwerken der Renaissance und des Frühbarock. Aber auch zeitgenössische Gemälde wurden in die Gestaltung der Wanddekoration des Herrenhauses integriert. In Rom wurde 1795 auch der Maler Pellicia engagiert. Seiner Fähigkeit der freien, phantasievollen Gestaltung von Groteskornamenten in der Art, wie sie Raffael in den Loggien des Vatikan geschaffen hatte sowie der Handhabung pompejanischer Dekorationssysteme verdanken die Räume des Herrenhauses ihren besonderen Reiz, der es erlaubt, Emkendorf neben das eine Generation früher entstandene Wörlitzer Schloß zu stellen.

Die geradezu museal gestalteten Räume bildeten den Rahmen für die großzügige Gastfreiheit der Reventlows, die Emkendorf neben dem Eutiner Hof zu einem Kristallisationspunkt des geistigen Lebens der Herzogtümer machte und auch französischen Revolutionsflüchtlingen, u.a. Lafayette, vorübergehende Bleibe bot. Die Geisteshaltung des Emkendorfer Kreises war aristokratisch-konservativ gegen politischen Liberalismus und religiösen Rationalismus gerichtet. Fritz Graf Reventlow wurde nach seinem Ausscheiden aus dem diplomatischen Dienst 1788 Führer der schleswig-holsteinischen Ritterschaft und als solcher konsequenter Verfechter der Standesinteressen des Adels. So hielt er auch an der Leibeigenschaft bis zur deren Aufhebung 1805 fest. Ein Widerspruch zur schwärmerischen Religiosität und Philanthropie Julias, die das Schicksal der Negersklaven in den dänischen Kolonien beklagte, wurde offensichtlich nicht gesehen. Mit dem Tode der lange kränkelnden "Sainte Julie", die ihr Leiden zu einem religiösen Kult stilisierte, im Jahre 1816 und dem gleichzeitigen Versiegen der Schimmelmannschen Erbschaftsgelder endete die große Epoche Emkendorfs.

Spätere Veränderungen an Herrenhaus und Hof blieben zurückhaltend. 1855 wurde die Reithalle an der Rückseite des Pferdestalls von Baumeister Johann Friedrich Holm aus Rendsburg angefügt. 1910/11 veränderte der Kieler Architekt Ernst Prinz im Südteil des Herrenhauses einige Erdgeschoßräume und baute den anschließenden Flügel innen und mit einer Arkade an der Gartenseite um. Bei einem Besitzerwechsel 1929 wurden bedauerlicherweise die Möbel und die nicht wandfesten Kunstwerke verkauft und zerstreut. In jahrelangen denkmalpflegerischen Instandsetzungsarbeiten ab 1970 an den Gebäuden und Restaurierungsmaßnahmen im Herrenhaus konnten erhebliche Schäden durch Einquartierung von Flüchtlingen 1945 beseitigt und der ursprüngliche Zustand der Ausmalung der Räume wiederhergestellt werden.

Herrenhaus Emkendorf mit Ehrenhof

Das zweigeschossige **Herrenhaus** ist ein verputzter Breitbau mit schwerem Mansarddach und eineinhalbgeschossigen, von Walmdächern gedeckten Seitenflügeln. Sein heutiges Aussehen geht im wesentlichen auf Horn zurück, der den spätbarocken Bau im frühklassizistischen Stil überformte. Den überhöhten Mittelteil betonen ionische Kolossalpilaster und ein flacher Dreieckgiebel. Bis auf die Gesimse und die Fensterscheitelsteine im Erdgeschoß ist die Fassade schmucklos. Das Untergeschoß wirkt mit seiner Putzrillenrustika dabei wie ein Sockel. An der Gartenseite hat der Risalit einen durchgehenden Balkon mit schmiedeeisernem Geländer, auf den sich drei rundbogige Fenstertüren öffnen. Rustizierte Lisenen gliedern die Kanten und die Schmalseiten des Hauptgebäudes. Die Seitenflügel werden in den Mittelachsen sowie an den Stirnseiten durch klassizistische Portale geschmückt. Im Zusammenhang mit einer um 1850 durch den Rendsburger Baumeister Nikolaus Schernikau vorgenommenen Putzerneuerung kamen an der Hoffassade die Uhr im Giebel und die biedermeierlichen Ornamente vor der unteren Mansarde hinzu.

Im **Inneren** wurde bei der Neugestaltung ab 1795 die spätbarocke Raumordnung aufgenommen. So liegen im Mittelteil Vestibül und Gartensaal, darüber im Hauptgeschoß Bibliothek und Festsaal, rechts davon die Treppe. Beiderseits der Haupträume schließen sich Raumfluchten an, die im Erdgeschoß durch Flure getrennt sind. Links von der Diele befinden sich hier die Zimmer des Grafen, rechts die der Gräfin. Das Obergeschoß war Repräsentationsräumen vorbehalten. Hölzerne Wandvertäfelungen und architektonische Gliederungen bilden das Gerüst für die Dekorationsmalerei Pellicias, die später in pompejanischem Stil auf Leinwandtapeten gemalt wurde. Die Gemälde, neben zeitgenössischen Werken auch Kopien nach Raffael, Gulio Romano und Meistern der Bologneser Schule, sind dieser Innendekoration wandfest einbezogen und durch ihre besondere Anordnung mit neuen allegorischen Bedeutungen unterlegt worden.

In der **Diele** wurden die Gäste durch einen von Canova hergestellten Gipsabguß des Apoll von Belvedere in dem erhaltenen Geviert dorischer Säulen und eine Marmorkopie der späthellenistischen Gruppe Amor und Psyche (beide Skulpturen 1926 entfernt) auf die museale Ausstattung der Räume und deren Bildungsprogramm vorbereitet. Den anschließenden Gartensaal gliedern korinthische Pilaster und von Fritz Reventlow in Italien erworbene Gemälde: eine Kopie der Fortuna von Guido Reni als Sinnbild alles Irdischen und zwei große italienische Landschaftsdarstellungen von Simon Denis (1797 bestellt). Sie wirken wie Ausblicke in die Ferne, so daß die idealen Bildlandschaften zu dem durch die Fenstertüren wahrnehmbaren Landschaftsgarten in Beziehung treten.

Von den Wohnräumen im Erdgeschoß blieb die nördliche Zimmerflucht des Grafen unverändert erhalten. Der **Empfangssalon** zeigt zwei in die Wandvertäfelung eingelassene große Ölgemälde: Ein Bild zeigt den Tod des Adonis von François Xavier Fabre 1792, das andere die Pellicia zugeschriebene Kopie einer Figurengruppe aus dem Fresko der Konstantinsschlacht von Giulio Romano im Vatikan. Sie wurde hier allerdings zur Darstellung des den toten Sohn Meleager beklagenden Oineus umgedeutet. Das runde Deckengemälde zeigt Merkur bei Paris, während die Supraporten Veduten der Umgebung von Rom von Albert Christoph Dies (1790) aufweisen. Das folgende **Schlafzimmer** mit Alkovennische ist dem Thema Zeit gewidmet. Das Deckengemälde enthält die Darstellung Apolls im Sonnenwagen als Symbol des anbrechenden Tages in der Mitte der Tierkreiszeichen der Monate. Die vier Supraportenbilder stellen die Jahreszeiten als Allegorien dar. An der Alkovenwand hing einst das 1784 von Angelika Kaufmann gemalte Kniestück Julias (Wiederholungen in Altenhof und auf Schloß Gottorf). Unter den Räumen an der Gartenseite ist das von Pellicia im pompejanischen Stil ausgemalte **Speisezimmer** besonders zu nennen. Hier hängt in der von korinthischen Säulen flankierten Anrichte eine

Festsaal im Herrenhaus Emkendorf

originalgroße Kopie des Mittelstücks aus Raffaels Fresko "Schule von Athen" im Vatikan, die 1752 bis 1755 von Anton Raphael Mengs gemalt und 1796 für Emkendorf erworben wurde. Von der Suite der Gräfin blieb nur der Rote Salon rechts neben dem Gartensaal unverändert erhalten.

Im Obergeschoß bildet der große, von Horn umgebaute und 1806 eingeweihte **Festsaal** den Mittelpunkt. Das Dekorationssystem mit einbezogenen Kopien der klassischen italienischen Schule spiegelt die Emkendorfer Geisteswelt: Das Hauptbild am südlichen Kaminrisalit stellt den Kampf des Erzengels Michael nach Guido Reni dar (die Kopie wurde 1797 in Rom bestellt), hier als Allegorie der Überwindung des Bösen verstanden, gegenüber die Aurora nach Annibale Carracci als Sieg des Lichts. Die beiden etwas kleineren Bilder an der Westwand zeigen Gerechtigkeit und Geduld, kopiert nach Figuren aus dem von Giulio Romano ausgeschmückten Konstantinssaal im Vatikan. In Lünetten und Supraporten befinden sich Allegorien der Wissenschaften, Künste und Tugenden nach Raffaels Fresken der Stanza della Segnatura im Vatikan. Die prachtvoll stuckierte, im Rund komponierte Decke enthält in den Zwickeln Allegorien der Liebe nach Correggio, Caritas, Keuschheit und Schönheit, im Kreis des Deckenstucks Zeus und Hera sowie Apollo und Athena.

Nach Süden schließt sich der **Blaue Salon** an, der als Zimmertheater diente. Der Fensterseite gegenüber befand sich ein schmaler Bühnenraum mit Vorhangrahmen. Ihm folgen kleinere Salons, darunter das von Pellicia ausgestaltete Vorhangzimmer mit auf Leinwandbespannung gemalter Wandgliederung im pompejanischen Stil und Supraportengemälden nach römischen Reliefs; im Deckenbild Iphigenie von Cymon betrachtet nach Angelika Kaufmann. Die zum Park gerichtete Zimmerflucht im Nordteil wurde 1806 vollendet. Neben dem Festsaal liegt das rotbraun gehaltene **Etruskische Zimmer** mit Motiven aus der griechischen Vasenmalerei in der Streifengliederung der Wandbespannung, Terrakottaofen vor gemalter Nische und Kassettendecke mit pompejanischen Schwebefigürchen. Es folgt das vorwiegend in Grautönen gehaltene **Telemachzimmer**, in dem der umlaufende, ein antikes Relief vortäuschende Fries die Abenteuer des Odysseus-Sohnes schildert; im Deckentondo der von Nymphen gefesselte Amor nach einem Gemälde von Angelika Kaufmann.

Das **große Speisezimmer** zur Hofseite zeigt sich noch im unrestaurierten Zustand. Die Vertäfelung wurde 1797 von Horn geschaffen. Die Ausmalung von Pellicia stellt in den Panneaus vier Musen als pompejanische Schwebefiguren dar, in den Lünetten und Supraporten Taten von Herkules und Theseus en grisaille. Das durch vier korinthische Säulen abgetrennte Halbrund der Anrichte täuscht steinerne Architektur mit einem bacchantischen Relieffries vor.

Unter den **Hofgebäuden** sind die beiden einander entsprechenden mächtigen, ursprünglich reetgedeckten Backsteinrohbauten, das **Kuhhaus** von 1730 links und die **Scheune** von 1745 rechts, noch Teile des alten Wirtschaftshofs, den Horn 1802 erweiterte, indem er einen von baugleichen **Stallungen bzw. Remisen** eingefaßten Vorhof anlegte. Seine eingeschossigen, gegliederten Backsteintrakte werden westlich von kurzen, die Hofzufahrt einschnürenden Flügeln abgeschlossen. Am anderen Ende befinden sich große Torachsen. Dem Mittelteil des südlichen schließt sich zur Gartenseite die **Reithalle** von 1855 an.

Zu den herausragenden Baulichkeiten des nördlich abseits gelegenen Außenhofes gehört die **Alte Meierei**, ein von Horn 1791 errichtetes eingeschossiges Backsteintraufenhaus. Mit seinem zweigeschossigen, rustizierten und übergiebelten Mittelteil bildet es wirkungsvoll den Blickpunkt der Zufahrtsachse. In dem 1796 ebenfalls von Horn erbauten, Klein Emkendorf genannten **Gartenhaus** hat zeitweilig

Matthias Claudius gewohnt. Die kleine eingeschossige Dreiflügelanlage besteht aus einem verputzten, durch Lisenen gegliederten Breitbau. Seine kurzen Backsteinflügel besitzen als Schmuck Putzrustika um die Fenster.

Der **Landschaftspark** geht auf die Planung Horns zurück. Zu Beginn des 19. Jahrhunderts wurde er weiter ausgebaut. Trotz inzwischen eingetretener Veränderungen und erheblicher Verluste an Strukturen und Baulichkeiten sind dennoch Grundzüge zu erkennen: Hinter dem Herrenhaus erstreckt sich eine große Rasenfläche mit einem Rundweg in die Tiefe. Sie liegt zwischen einer heute bewaldeten Anhöhe rechts und dem langgestreckten Hasensee links, die in den Garten einbezogen waren. Ein künstlicher Bachlauf unterhalb des Hanges, der in den See mündete, ist lange trockengefallen. Er wurde einst durch kleine Inseln und Brücken belebt. Auf der Anhöhe findet man Spuren verschwundener Bauten. Ein im frühen 19. Jahrhundert entstandener reetgedeckter Holzpavillon in der Achse des Herrenhauses wurde wiederhergestellt.

(We)

Privatbesitz

Besichtigung/Öffnungszeiten:

innen und außen nach Absprache

Anschrift/Tel.:

Gut Emkendorf · 24802 Emkendorf

Tel. 043 30/ 463

GUT SCHIERENSEE

Der ehemalige Herrensitz von Schierensee ist Denkmal eines der bedeutenden Politiker des 18. Jahrhunderts im Ostseeraum, des Staatsministers der Zarin Katharina II. von Rußland, Caspar von Saldern. Die Anlage stellt sich heute im wesentlichen so dar, wie der Politiker sie in den 1770er Jahren für sich als Ruhesitz hatte erbauen lassen. Die Anordnung von Herrenhaus mit Ehrenhof, Wirtschaftshof und Waldpark auf dem nahen Heeschenberg ist für Schleswig-Holstein außergewöhnlich. Dank der Axel-Springer-Stiftung Schierensee wurde die Einrichtung der privaten und der Repräsentationsräume von Salderns mit dem originalen Mobiliar, Gemälden und Bibliothek erhalten und vervollständigt.

Die Hofanlage liegt reizvoll eingebettet in eine Bodensenke der eiszeitlichen Hügellandschaft am Westensee. Man nähert sich ihr über einen Knickweg, der von der Landstraße abzweigt. Der Besucher wird nicht, wie auf einem holsteinischen Adelsgut üblich, durch ein Torhaus und zwischen Wirtschaftsgebäuden des Gutsbetriebes auf das Herrenhaus zugeführt, sondern tritt durch eine Pforte in einen Ehrenhof ein. Ein Gitter und eine doppelte Lindenreihe trennen diesen vom dem danebenliegenden Wirtschaftshof, der eine eigene Zufahrt durch ein Torhaus hat. Beide Hofachsen stehen rechtwinklig zueinander. Jenseits von Weiden im Süden liegt der nur noch in Spuren erhaltene Waldpark auf dem Heeschenberg als eigenständiger Bereich. In dieser Anordnung der Hauptbestandteile eines Herrensitzes wurde das bis dahin gültige axialsymmetrische, hierarchische Ordnungsprinzip des Barock überwunden und im Geiste der Aufklärung den persönlichen Bedürfnissen des Bauherrn Rechnung getragen.

Gut Schierensee um 1850, Lithographie

Das Gut wird bereits in der zweiten Hälfte des 15. Jahrhunderts im Besitz der von Ahlefelds auf Bossee erwähnt. Im 16. Jahrhundert saßen hier die Rantzaus, dann wechselten die Besitzer mehrfach. 1751/52 wurde es von Caspar Saldern (1711-1786) erworben. Als bürgerlicher Verwaltungsbeamter in gottorfischen Diensten hatte er es wie sein Vater zum Amtmann von Neumünster, Zoll- und Licenteinnehmer gebracht. Doch wurde er wegen eigenwilliger Amtsführung 1749 aus dem Dienst entlassen. So widmete er sich eine Zeitlang der Gutswirtschaft auf Schierensee. 1761 aber reiste er unter falschem Namen nach St. Petersburg. Er gewann dort das Vertrauen seines Landesherren, des Herzogs von Holstein-Gottorf und Großfürsten Karl Peter Ulrich, der ihn, nachdem er 1762 als Peter III. den Zarenthron bestiegen hatte, zum Konferenzrat ernannte und als Minister für die Kieler Lande einsetzte. Damit begann die Karriere Salderns als Staatsmann, denn auch die Zarin Katharina II., die Gattin und Nachfolgerin Peters, der noch im Jahr seiner Thronbesteigung ermordet wurde, wußte ihn zu schätzen. In Holstein führte Saldern Verwaltungsreformen und die Landvermessung durch. Seine große Leistung als Staatsmann war die Behebung des Konflikts zwischen Rußland und Dänemark in der Gottorfer Frage durch den Austauschvertrag von 1767/1773, durch den das holsteinische Territorium der Gottorfer in den dänischen Staatsverband überging.

Die erheblichen Einkünfte aus dem Staatsdienst und der diplomatischen Tätigkeit ermöglichten es Saldern, Schierensee nach und nach aufwendig auszubauen. 1765 erneuerte er einige Wirtschaftsgebäude.

1766 (oder erst 1767) erwarb er die Waldweide des Dorfes Schierensee auf dem Heeschenberg. Der Gärtner Johann Caspar Bechstedt und der Eutiner Hofbaumeister Georg Greggenhofer entwarfen dort in Salderns Auftrag im Hinblick auf den Besuch des dänischen Königs Christian VII. im folgenden Jahr einen Eremitagegarten mit einem Lusthaus "Tranquillitati" und Wohnpavillons für Gäste. Nach seiner Erhebung in den dänischen Lehnsgrafenstand 1768 begann von Saldern mit der Umgestaltung des Gutshofes. Als erstes entstand nach Greggenhofers Plänen das für einen Gutshof extravagante Entree im französischen Stil.

1774 trat Caspar von Saldern von der politischen Bühne ab und zog sich endgültig nach Schierensee zurück. Nun reichte das schlichte Herrenhaus des 17. Jahrhunderts nicht mehr aus und mußte durch einen Neubau ersetzt werden. Als Architekten berief er den Landbaumeister Johann Adam Richter, den er noch als Mitarbeiter des Hamburger Ingenieurs Ernst Georg Sonnin beim Umbau des Kieler Schlosses kennengelernt hatte. Nachdem der Wirtschaftshof 1781 abgebrannt war, legte Richter ihn an der heutigen Stelle an und schuf an seiner Statt den Ehrenhof, den das französische Entree eigentlich forderte. Auf diese Weise entstand Schierensee als Werk Caspars von Saldern neu. Es blieb auch unter seinen Nachkommen nahezu unverändert.

Erst als Axel Springer das Gut 1968 erwarb, kam es zu Eingriffen, die die Gebäude und die Anlage den Bedürfnissen des Großverlegers nach Repräsentation und Sicherheit anpaßten. Der Gutsbetrieb wurde eingestellt, die Ländereien verkauft oder verpachtet. In den Torpavillons und im ehemaligen Kuhhaus entstanden Gästezimmer. Auch die anderen Wirtschaftsgebäude, das Torhaus und die Scheune, wurden ausgebaut, verändert und lediglich die Gebäudeformen erhalten. Der Ehrenhof wurde mit Rasenstücken und Zierbassin gestaltet. Im Inneren des Herrenhauses entstanden an der Rückseite durch Beseitigung von Zwischenwänden zwei übereinanderliegende große Salons, die sich auf eine Terrasse bzw. einen darüber von Säulen getragenen Balkon öffnen. Zwischen der Terrasse und einer Lindenallee der Saldernzeit, die auf den Heeschenberg zuführt, entstand ein rechteckig eingetieftes Rosarium mit einem Springbrunnenbassin in der Mitte. Andererseits erhöhte Springer die kulturgeschichtliche Bedeutung des Herrensitzes, indem er Mobiliar, Gemälde und andere Kulturzeugnisse der Saldernzeit sammelte und die Haupträume im Herrenhaus mit der originalen Einrichtung wiederherstellen ließ. Die dauerhafte Erhaltung und Pflege des Ganzen unter denkmalpflegerischen Gesichtspunkten sicherte er durch die Axel Springer Stiftung Schierensee. Mittlerweile hat das Gut den Besitzer gewechselt.

Das Herrenhaus stellt sich nicht als Mittelpunkt des Gutsbetriebes, sondern, davon abgetrennt, als vornehmer Landsitz französischer Art dar, als eine "maison de plaisir". Dem Besucher, der zunächst durch das Torgitter auf Distanz gehalten wird, steht es als Abschluß des geräumigen **Ehrenhofes** in Pracht und Würde gegenüber. Die noch von Georg Greggenhofer 1769 geschaffene Toranlage besteht aus zwei zweigeschossigen Pavillons aus Backstein mit Walmdächern und geweißten Ecklisenen. Dazwischen halten acht gemauerte und geweißte Pfeiler das Eisengitter und das doppelflügelige Tor. Auf den Pfeilern stehen Rokokovasen aus Sandstein des Eutiner Hofbildhauers Johann Georg Moser. Die beiden Pavillons wurden allerdings nach dem Brand des Wirtschaftshofes 1781 von Johann Adam Richter erneuert, dabei der westliche als Kutschpferdestall verlängert. Den östlichen Abschluß des Ehrenhofes bildet die von Richter erbaute eingeschossige ehemalige Meierei mit einer Mauer, den westlichen ein Eisengitter und je eine Lindenreihe auf beiden Seiten. Sie lassen Durchblicke auf den etwas abgerückten, 1781/82 von Richter streng symmetrisch angelegten **Wirtschaftshof** zu. Er wird von drei langen, reetgedeckten Ziegelbauten mit geweißten Kanten U-förmig eingefaßt, die im einzelnen unter Springer verändert wurden: dem Torhaus, der ehemaligen Scheune links und dem ehemaligen Kuhhaus rechts.

Die behäbige Massigkeit des **Herrenhauses**, die den Ehrenhof in der ganzen Breite abschließt, erhebt sich als dunkelroter Ziegelbau über einem hohen Granitquadersockel. Es besteht aus Hauptgeschoß, niedrigerem Obergeschoß und einem etwas steifen Walmdach, das ursprünglich mit braun gestrichenen Eisenplatten aus Rußland gedeckt war. Die elfachsige Hoffassade gliedert sich einladend in kurze, zweiachsige Seitenflügel und einen dreieckig übergiebelten, angedeuteten Mittelrisalit von drei Achsen. Seine Mittelachse in Sandstein ist wie ein Erinnerungsmal für den Staatsmann mit strengem frühklassizistischem Dekor ausgeformt. In einer hohen Attika über dem pilastergerahmten Portal liest man ein großes S und den Sinnspruch "NON MIHI SED POSTERIS" (Nicht für mich, sondern für die Nachkommen). Das Datum "Anno 1778" bezieht sich auf die Fertigstellung des Rohbaus. Das Giebelfeld zeigt das lehnsgräfliche Wappen und den Elefantenorden. So sehr das Äußere des Herrenhauses in seiner Hauptansicht - die Rückseite war dagegen ungewöhnlicherweise vollkommen schlicht gehalten - den Herrenhaustyp der ersten Hälfte des 18. Jahrhunderts tradiert, so fortschrittlich rational ist im Inneren die Abkehr von repräsentativer Axialsymmetrie und Raumhierarchie und die konsequente Trennung des privaten und des gesellschaftlichen Bereiches.

Man betritt das Haus auf einer geschwungenen doppelläufigen Treppe mit Schmiedegitter und gelangt in eine durch zwei Geschosse geführte, mit schwarz-weißen Marmorfliesen ausgelegte **Diele**. Von hier aus gehen am Ende zwei Flure in der Querachse des Hauses ab, während der entsprechende Flur im Obergeschoß den Raum als offene Galerie überbrückt. Üblicherweise schließt in den schleswig-holsteinischen Herrenhäusern an die Diele der Gartensaal an. Hier beansprucht der repräsentative Saal den linken Seitenflügel in beiden Geschossen. Zwischen Diele und Festsaal ist ein eingeschossiges Vorzimmer eingefügt, das die Wirkung des Saales ins Bedeutende steigert.

Festsaal im Herrenhaus Schierensee

Im Vorzimmer sind Wandgliederung und Puttenreliefs über den Türen mit delikaten Farben augentäuschend gemalt. Der **Festsaal** mit einer strengen archtektonischen Gliederung aus stuckierten ionischen Pilastern stellt sich hingegen in frühklassizistischer Kühle dar. Nur die gerundeten Ecken und der ausschwingende Musikantenbalkon an der inneren Schmalseite mildern die Strenge des Raumes. Das vom Ehrenhof her einfallende Licht hebt das Relief der Gliederung hervor. Der in den Saal Eintretende sieht sich dem lebengroßen Repräsentationsporträt der thronenden Zarin Katharina II. gegenüber. Es wurde wohl gegen 1764 von dem Dänen Vigilius Eriksen als Kniestück gemalt und nachträglich für den älteren Rahmen vergrößert.

Die rechte Hälfte des Hauptgeschosses nehmen gleichberechtigt die privaten **Wohnräume** des Hausherren ein. Die praktische schneckenförmige Anordnung von zwei Salons, drei Kabinetten und dem Schlafzimmer sowie deren erlesene originale Ausstattung sind ein hervorragendes Zeugnis privater Wohnkultur der Aufklärungszeit. Die Privatheit der Raumfolge wird betont durch das große Gruppenbild des Hausherrn mit seiner unehelichen Tochter Agatha von Schnell und der Lebengefährtin Amalie Friderike Schnepel in häuslicher Ungezwungenheit (1772 von Heinrich Buchholtz). Jenseits des Querflures befindet sich Salderns Bibliothek. An dieser Seite lagen ursprünglich weitere Wohn - und Schlafräume, desgleichen im Obergeschoß, zu dem zwei in die rückwärtige Zimmerfolge eingeschaltete schlichte Treppen führen. Der Keller ist durchgehend gewölbt.

Der **Heeschenberg** stellt sich heute als Buchenwald dar, in dem Reste der schon seit dem frühen 19. Jahrhundert verfallenen Gartenanlage Capar von Salderns erhalten sind. 1768 begonnen und in fünfzehnjähriger Arbeit unter der Leitung des Gärtners Bechstedt hergestellt, zeigte er ein noch rokokohaft tändelndes Verhältnis zur Natur, als Bühne für ungezwungene spielerische Geselligkeit und sentimentale Zurückgezogenheit. Er ist damit mit den Eremitage-Gärten von Rheinsberg und Sanspareil bei Bayreuth vergleichbar, den Vorboten des englischen Landschaftsgartens auf dem europäischen Festland. Erkennbar sind noch Schlängelwege, mehrere ausgetrocknete Teiche am östlichen und westlichen Rand und die 1949 ausgegrabene nicht begehbare Naturtreppe, die eine Sichtschneise vom Herrenhaus zum 1768 von Georg Greggenhofer errichteten **Lusthaus** "Tranquillitati" herstellt. Am Ort ist noch die Steinschwelle des Gebäudes erhalten.

(Ha)

Privatbesitz

Besichtigung/Öffnungszeiten:
innen und außen nach Absprache

Anschrift/ Tel.:
nur schriftliche Anfrage für Besichtigungen an:
Gutsverwaltung Schierensee · Herrn Henrik Lunganini
24241 Schierensee · Tel.: 043 47/ 712 10

Gut Bothkamp

Die anspruchsvoll gestaltete Hofanlage des frühen 18. Jahrhunderts bezeugt den herrschaftlichen Repräsentationsanspruch des adeligen Gutsherren im Spätbarock und läßt noch die Bedeutung des einst größten Gutes in Schleswig-Holstein erkennen. Die rechtwinklige Anordnung von Herrenhof und Wirtschaftshof mit zwei Torhäusern ist ungewöhnlich.

Der Hof liegt am Ende eines steil zum Bothkamper See abfallenden schmalen Moränenkamms, der einst als Halbinsel an drei Seiten von Wasser oder feuchten Niederungen umgeben und nur im Süden landfest war. Dort schließt sich ein heute verwilderter ausgedehnter Gutspark an. Durch ihn hindurch gelangt man zu den Gutsländereien, die sich bis vor Neumünster erstreckten. Das an höchster Stelle breit über dem See gelegene Herrenhaus hat einen von zwei Kavaliershäusern seitlich begrenzten Vorhof. Der quer dazu liegende Wirtschaftshof wird an den Schmalseiten von zwei Torhäusern abgeriegelt, von denen das südliche in eindrucksvoller repräsentativer Gestaltung die Zufahrt zum Gutsland eröffnet, während das schlichte gegenüber zu einer seit 1794 durch eine Brücke ersetzten Fähre führte. Diese stellte die Verbindung zum Kirchdorf Kirchbarkau und darüber hinaus nach Kiel her. Von den Wirtschaftsgebäuden sind nur Reste erhalten geblieben. Die bedeutendsten, Scheune und Kuhhaus, die parallel zum Herrenhof mit ihren Giebeln zum Wirtschaftshof standen, gingen 1916 durch Brand verloren.

Gut Bothkamp ist eine Gründung des 16. Jahrhunderts. Zwischen 1531 und 1538 erwarb der bedeutende Feldherr und Ratgeber des dänischen Königs Christian III., Johann Rantzau (s. Breitenburg) den Hof Bissee, der seit dem Mittelalter im Besitz der Familie von Pogwisch gewesen war und vergrößerte ihn durch Ankauf von Ländereien der säkularisierten Klöster Bordesholm, Segeberg und Uetersen. In der nördlichsten Spitze des im Süden nahe an Neumünster heranreichendenden Gutslandes ließ er einen nun Bothkamp genannten neuen Hof für seinen zweiten Sohn Paul anlegen. Die besondere Lage über dem Steilufer am See sowie die sich nordöstlich davor ausbreitenden sumpfigen Niederungen machten eine besondere Befestigung überflüssig. Der 1547 vollendete Herrensitz gehörte zu den ersten bedeutenden Bauten im Stil der Renaissance im Lande. Er war älteren Darstellungen zufolge durchgängig mit Terrakottaschmuck aus der Lübecker Werkstatt des Statius van Düren versehen. Fünf Reliefplatten dieser Bauzier sind jetzt an dem Bauernhaus Dorfstraße 14 in Kirchbarkau erhalten. Um 1700 scheint das alte Herrenhaus durch den erhaltenen Bau ersetzt worden zu sein. Wenig später erfuhr die gesamte Hofanlage ihre heutige Ausformung mit Herrenhof und Wirtschaftshof unter Bendix von Ahlefeld, der das Gut 1705 gekauft hatte. Von seiner Bautätigkeit erhalten blieben die beiden Kavaliershäuser am Herrenhaus und die beiden Torhäuser sowie die noch stehende kleine Scheune und ein Gestütsstall an der Ostseite des Hofes. Das große Torhaus von 1714 im Süden wird dem Festungsbaumeister und ehemaligen Kommandanten der Festung Tönning, Generalmajor J. Zacharias Wolff, zugeschrieben.

Der nächste Eigentümer Heinrich von Rumohr veranlaßte um 1790 die Modernisierung des Herrenhauses und der Kavaliershäuser, die, ursprünglich rotsteinsichtig, damals unter Putz gelegt wurden. Weitere Umbauten erfuhr die Hofanlage, nachdem das Gut 1812 an die Familie von Bülow übergegangen war, im Laufe des 19. Jahrhunderts. 1869/70 entstand der noch in den Grundmauern erhaltene Bau einer Sternwarte nördlich des Guthofes (1937 abgebrochen), damals eine der modernsten ihrer Art in Deutschland, die von bekannten Astronomen aufgesucht wurde. Wohl zur gleichen Zeit wurden die Wirtschaftsgebäude neugotisch überformt. Von 1957 bis 1981 diente das Herrenhaus als Altersheim des Johanniter-Ordens. Heute ist die Hofanlage an einen Privatmann verpachtet.

Hofseite des Großen Torhauses auf Bothkamp

Das über den tonnengewölbten Kellerräumen des alten Rantzaubaus errichtete **Herrenhaus** ist ein verputzter Breitbau auf Granitquadersockel. Die Hoffassade wird durch einen flach vorspringenden und wie die Gebäudekanten an den Ecken rustizierten Mittelteil betont, den ein rundbogiges Säulenportal mit Akanthusdekor schmückt. Zu ihm führt eine Freitreppe mit Podest, eingefaßt von einem kunstvoll gearbeiteten Schmiedegeländer mit der Jahreszahl 1794. Es entstand im Zuge der Umgestaltung des ursprünglich wohl als Ziegelrohbau erscheinenden Herrenhauses, das damals verputzt wurde. Das Innere enthält im Erdgeschoß Repräsentationsräume der Erneuerung um 1790, die wahrscheinlich von dem Stukkateur Francesco Antonio Tadey nach der Planung des Landbaumeisters Johann Adam Richter ausgeführt worden sind. Die größeren liegen in der Mittelachse. Hier befindet sich hinter dem saalartigen Vestibül der **Gartensaal**, einer der vornehmsten klassizistischen Räume dieser Art in Schleswig-Holstein. Seine gerundeten Ecken werden an der Innenseite von Ofennischen eingenommen. Pilaster teilen die Wand in einzelne Felder mit ornamentalen Blüten- und

Früchteschnüren sowie antikisierenden Idealporträts. In den Supraporten erscheinen Allegorien der vier Jahreszeiten. Nördlich neben dem Gartensaal und beiderseits des Vestibüls gibt es kleinere Salons sowie Eckkabinette, teils mit aufwendig stuckierten Ofennischen und alten Kachelöfen.

Die den Hof vor dem Herrenhaus einfassenden beiden eingeschossigen **Kavaliershäuser** mit ihren Dreieckgiebeln und Eckrustika aus Sandstein stammen aus dem frühen 18. Jahrhundert und wurden ebenfalls in den 1790er Jahren überformt und verputzt. Sie dienten zum Wohnen für Gäste, Gutsinspektor und Gutsjäger.

Quer zum Herrenhaus verläuft die Achse des Wirtschaftshofes zwischen zwei einander gegenüberstehenden **Torhäusern**. Das kleinere an der Nordseite von 1711 ist ein eingeschossiger, langgestreckter Backsteinbau mit mittlerer Durchfahrt und rustizierten Kanten. Seine Mitte betonen auf beiden Seiten zweigeschossige Risalite mit Stufengiebeln. Auch die westliche Schmalseite ziert diese in jener Zeit bereits veraltete Giebelform. Neben den hier angebrachten Zierankern mit Baudatum und Initialen finden sich am Gebäude noch die Wappen des Erbauerehepaares von Ahlefeldt/Rumohr sowie eine Bauinschrifttafel. Die Langseiten zeigen heute neben der ursprünglichen hochrechteckigen Befensterung und den einst durchweg rundbogig ausgebildeten schmalen Eingängen spätere Veränderungen für Nutzungen als Lager, Werkstatt oder Garage. Ursprünglich diente das Gebäude als Gutsgefängnis und Stall für Reit- und Wagenpferde.

Das mächtige große Torhaus im Süden gehört zu den bedeutendsten im Lande. Es ist zweigeschossig und wird von zwei stämmigen quadratischen Seitentürmen mit offenen Laternen eingefaßt. Den Mittelteil des Backsteinbaus gliedern mächtige korinthische Kolossalpilaster und eine rundbogige Durchfahrt, im Dach ein übergiebeltes Zwerchhaus.

Seitlich schließen sich eingeschossige, ebenfalls durch Pilaster gegliederte Flügel an. Diese Gliederungselemente betonte ursprünglich eine Sandstein vortäuschende helle Bemalung. An den Türmen befinden sich die Sandsteinwappen von Ahlefeldt/Rumohr in Pilasterädikula-Rahmung. Im östlichen Turmhelm hängt die Gutsglocke, während im westlichen eine hölzerne Attrappe die Symmetrie herstellt. Der Stufengiebel des östlichen Flügels wurde erst im 19. Jahrhundert in Angleichung an die Giebelform der daneben stehenden Wirtschaftsgebäude aufgemauert, von denen heute nur noch eine Scheune übrig geblieben ist.

Außerhalb des Gutshofes führt der Weg vom kleinen Torhaus seit 1794 über eine **Brücke**, die den Wasserlauf zwischen Bothkamper See und dem heute bis auf einen Rest verlandeten Lütjensee überquert. Das davorstehende **Brückenhaus** ist ein schlichter zweigeschossiger Putzbau von 1807. Unweit davon liegen am Seeufer die Fundamentreste der **ehemaligen Sternwarte**. Den Zugang zu den Gutsländereien eröffnete das mit seiner Repräsentationsseite zum Hof gerichtete große Torhaus mit einer Allee zu einem ausgedehnten **Landschaftspark**, der sich einst zwischen dem Bothkamper und dem Hochfelder See östlich davon ausbreitete und mit seltenen Bäumen, darunter auch Zedern, bestückt war. Seine noch vor dem Ersten Weltkrieg erhaltene Gestaltung mit Wegen, Teichen und einem Pavillon am Bothkamper See ist heute völlig verwildert.

(We)

GUT WAHLSTORF

Der Gutshof von Wahlstorf zwischen Preetz und Plön ist dank seiner Lage am Westufer des Lanker Sees einer der reizvollsten im Holsteinischen und ein selten gut erhaltenes Beispiel für eine Anlage des 16. Jahrhunderts. Von besonderer baugeschichtlicher Bedeutung ist das Herrenhaus, das als eines der ältesten seiner Gattung noch einen spätmittelalterlichen Baubestand enthält. Es birgt die Sammlungen und die wissenschaftliche Bibliothek des Forschungsreisenden Victor Baron von Plessen, der in den 1930er Jahren die malaiische Inselwelt ethnologisch und zoologisch erkundete.

Der Hof liegt unmittelbar an der Mündung der Schwentine in den Lanker See. Er wird von Wassergräben umzogen, die der Fluß speist. Ursprünglich war auch eine Erdwallbefestigung mit Torhaus vorhanden, und das Herrenhaus stand in einem wasserführenden Hausgraben. Es liegt am Ende des Hofes nahe dem See. Die großen Wirtschaftsgebäude des 16. und 17. Jahrhunderts sind darauf ausgerichtet.

Der Ort Wahlstorf wird erstmals 1224 im Zusammenhang mit dem Kloster in Preetz erwähnt, ein wenig später wird ein Ritter de Walestorpe genannt. Aus diesem Rittergeschlecht ist vielleicht Anna Walstorp am bekanntesten, die mit dem Feldherrn Johann Rantzau auf Breitenburg (s. dort) vermählt war, wo heute noch ihr eindrucksvolles Porträt hängt. Bald nach Mitte des 15. Jahrhunderts wird die Familie Rumohr auf Wahlstorf genannt, aus deren Besitz das Gut 1469 durch Verkauf an Detlef von Thienen gelangt. Die Familie von Thienen gehörte wie die Rumohrs zu den sogenannten "Originarii", den ältesten Adelsgeschlechtern im Lande. Da in der Mitte des 16. Jahrhunderts von einem "alten

Hof" Wahlstorf berichtet wird, erfolgte vermutlich unter Christoph von Thienen, einem Enkel Detlefs, oder unter dessen Sohn Claus († nach 1550) die Verlegung an die heutige Stelle. Als erstes wurde sicher das repräsentative Herrenhaus erbaut. Eine rege Bautätigkeit ist noch einmal gegen Ende des Jahrhunderts unter Claus von Thienen († 1592), einem Großneffen, belegt. Wulf Heinrich von Thienen († 1708) brachte das Gut zu wirtschaftlicher Blüte. 1704 modernisierte er das Herrenhaus grundlegend. Dank seines wirtschaftlichen Erfolges konnte er weitere Güter hinzukaufen, mit denen er seine Kinder versorgte. Seine älteste Tochter Elisabeth Christine erhielt Wahlstorf, das sie in die Ehe mit Mogens Scheel von Plessen einbrachte. Seitdem ist es im Besitz dieser Familie geblieben.

Das **Herrenhaus** ist in der altertümlichen Form des Doppelhauses überliefert, das heißt es besteht aus zwei traufenseitig zusammengebauten Hausteilen mit jeweils eigenen Satteldächern, einem tiefen Vorderhaus, in dem Säle liegen, und einem schmaleren Hinterhaus mit Wohnräumen. Es erhebt sich als zweigeschossiger Ziegelbau über hohem Granitquader-Keller.

Das zum Hof gelegene Vorderhaus ist fünf Achsen breit. Vor der Mitte steht der kleine, im Grundriß quadratische ehemalige Treppenturm mit Zeltdach und pilastergerahmtem frühbarockem Hauptportal. Rechts und links des Turms befinden sich zwei zweigeschossige erkerartige Anbauten mit kleinen Giebeln von jeweils zwei Fensterachsen Breite. Der linke ist durch Mauerankerzahlen datiert. Den rechten Anbau fügte man aus Symmetriegründen 1924 an.

Der schmale rückwärtige Hausteil ist mit engerer Befensterung siebenachsig. Geländebedingt tritt der Keller hier fast geschoßhoch hervor. In der mittleren Achse sitzt ein Gartenportal mit ausschwingender Freitreppe, das später hinzugefügt wurde, denn an dieser Stelle hatte sich ursprünglich ein großer Kamin befunden. An entsprechender Stelle im Geschoß darüber ist ein solcher noch vorhanden. Aus der Bauzeit sind hingegen die beiden haushohen Abrittpfeiler, die die Rückfront gliedern. Die wohl gestuften Giebel an den Schmalseiten beider Häuser wurden beim Umbau 1613 durch Walme ersetzt.

Im **Inneren** ist die Aufteilung des Doppelhauses noch deutlich ablesbar. Das Vorderhaus enthielt ursprünglich zwei übereinanderliegende Säle mit Kaminen an den Schmalseiten. Die Erschließung über ein im Turm separiertes enges, gewendeltes Treppenhaus entsprach dem in der Zeit Üblichen (s. Ludwigsburg und Hasselburg). Erst in Seedorf ist für Herrenhäuser die Form eines in das Haus einbezogenen Schachttreppenhauses nachweisbar (s. dort). Bei späteren Umbauten, bei denen die Treppen zu größerer Bequemlichkeit allgemein in das Hausinnere verlegt wurden, gingen die engen Turmtreppen - meist mit den Türmen - verloren. In Wahlstorf geschah ein solcher Umbau 1704. Damals fügte man die Barocktreppe in den großen **Saal** ein. Dieser wurde damit zur Treppenhalle und durch den neu gestalteten Haupteingang direkt zugänglich gemacht. Eine neue Akanthusstuckdecke mit großem Mittelgemälde und kleinen Eckkartuschen (nur Teile in der rechten Hälfte original erhalten) verdeckte nun die Balkendecke mit spätgotischer Bemalung. Im Rittersaal darüber, von dem einige Räume abgeteilt wurden, ist die Balkendecke teilweise noch zu sehen. Im rückwärtigen Teil des Hauses blieb die ursprüngliche Raumaufteilung des Doppelhauses erhalten. In beiden Geschossen befinden sich jeweils drei gleichgroße Wohnräume, die zwar heute zum Teil mit kleineren Einbauten versehen, aber dennoch klar abzulesen sind. In den beiden äußeren Wohn- und Schlafräumen sorgten Kamine an den schmalen Giebelseiten (heute teilweise entfernt) und Abtritte für einen gewissen Komfort, im mittleren Raum ein zentraler Kamin. In zwei Räumen befinden sich Stuckdecken vom Umbau 1704.

Im **Keller** ist die Zweiteilung des Hauses besonders deutlich ablesbar. Während der vordere Teil aus einer Reihe von parallelen tonnengewölbten Kellerräumen besteht, ziehen sich durch den rückwärtigen Bereich flache Kreuzgratgewölbe auf zierlichen Pfeilern. Diese deutlichen Unterschiede lassen den Schluß zu, daß das Haus in zwei Bauabschnitten errichtet wurde, zwischen denen mindestens eine Generation lag.

Bei jüngsten dendrochronologischen Untersuchungen im **Dachboden** stellte sich heraus, daß beide Stühle insgesamt 1613 aufgerichtet worden waren. Es könnte sein, daß damals nicht nur der linke Erker neben dem Treppenturm entstand, sondern auch der gesamte rückwärtige Hausteil angefügt wurde. In diesem Fall hätte das Herrenhaus zunächst nur aus dem vorderen Teil mit dem Treppenturm bestanden. Die beiden Satteldächer wurden einschließlich der Giebel aus Gründen der Symmetrie völlig gleich ausgebildet, ohne Rücksicht auf die unterschiedliche Tiefe der Hausteile. Die Folge davon war, daß der Druck der inneren Dachsparren nicht hinreichend von der Zwischenwand aufgenommen werden konnte und schließlich die Deckenbalken brachen. Dieses Problem muß schon recht früh aufgetreten sein. Darauf weisen die schweren, nachträglich eingefügten Eisenanker hin. Beim Umbau unter Wulf Heinrich von Thienen 1704 wurden die wohl baufälligen Giebel abgenommen und durch Walme ersetzt.

Die **Wirtschaftsgebäude** auf dem Hof sind beeindruckende Zeugnisse früher Fachwerkarchitektur. Die erste **Scheune** rechts von der Einfahrt ist die älteste, 1584 erbaut, eine der schönsten und größten im Lande, im Inneren fünffach unterteilt. An den Stirnseiten mit wuchtigen Giebeln, der Nordgiebel im 18. und 19. Jahrhundert verändert, sind die riesigen reetgedeckten Dächer bis fast auf den Boden heruntergezogen. Vom Hof her führen zwei große Tore ins Innere, von den Giebelseiten je zwei Einfahrten für die Längsdurchfahrten der Erntewagen. Nach Süden

Gut Wahlstorf

wurde die Scheune 1694 um vier etwas schmalere Fächer erweitert und erhielt einen neuen, verzierten Giebel direkt am Hofgraben. Die **Kornscheune** direkt dahinter ist ein Fachwerkbau des 18. Jahrhunderts mit außergewöhnlich hohen Seitenwänden, vorkragenden Giebeln und reetgedecktem Walmdach. Gegenüber liegen zwei weitere Nebengebäude: eine große, reetgedeckte Stallscheune und ein Wirtschaftsgebäude aus dem 19. Jahrhundert mit Ställen und Verwalterwohnung.

(Schu)

Gut Rastorf

Abseits der Bundesstraße 202 und fast versteckt liegt im Schwentinetal zwischen Wald und Fluß Gut Rastorf, das sich seit über 600 Jahren nahezu ununterbrochen in Rantzauschem Besitz befindet. Mit seinem nach einheitlichem Plan entworfenen barocken Wirtschaftshof und dem klassizistischen Herrenhaus gilt es als eines der künstlerisch bedeutendsten und schönsten Gutsensembles im Lande.

Die historische Landstraße führt von Rosenfeld über Rastorf weiter nach Selent. Dort zweigt sie heute unscheinbar von der Bundesstraße ab und trifft etwa zwei Kilometer vor dem Gut auf die unterhalb eines bewaldeten Steilhanges fließende Schwentine. Die noch über längere Strecken als gepflasterter Winterweg und wassergebundener Sommerweg erhaltene Trasse senkt sich zur Gutseinfahrt, linkerhand gesäumt von den alten Instenhäusern. Oberhalb des langgestreckten Torhauses öffnet sich der Blick auf das in der Niederung liegende Gut. Die axial geordnete Anlage fällt durch eine zusätzliche Besonderheit auf: Nicht nur sind die Hofgebäude radial auf das Portal des Herrenhauses ausgerichtet, sondern zusätzlich sind die dem Herrenhaus nächstliegenden Kavaliershäuser nach außen versetzt, um den Giebelflächen der großen Scheunen volle Sichtbarkeit zu gewähren. So bietet sich dem aus dem Haus Tretenden das großartige Bild von sieben Schaugiebeln gestaffelt neben- und hintereinander. Und in der Mittelachse liegt das Torhaus, gerahmt von einer Hofallee aus Linden wohl noch aus dem 18. Jahrhundert.

Bemerkenswert im unmittelbaren Umfeld ist die intakte Auenlandschaft an der Schwentine, die sich nach Süden und flußaufwärts weitet und eine überraschende Aussicht auf das mittelalterliche Feldkloster Preetz bietet. Der Blick über die Schwentine auf den stattlichen Gutshof, ebenso von Bredeneek über den Wiesengrund auf das zwischen hohen Bäumen aufleuchtende Herrenhaus hat im 19. Jahrhundert verschiedenste Künstler gereizt, zu Stift und Pinsel zu greifen.

Der Name des Gutes leitet sich von Radesthorpe ab, was Rodungsdorf heißt und anzeigt, daß wir uns hier im Territorium der mittelalterlichen Kolonisation befinden. Die damals von slawischen Stämmen bewohnten Waldgebiete wurden durch Rodung urbar gemacht und dem nach Osten vordringenden holsteinischen Bauernadel zu Lehen gegeben. Lange Zeit hießen die neuen Herren nach ihren Wohnsitzen, so ist hier ein Ritter Marquard Rastorp 1285 als erster namentlich bekannter Besitzer bezeugt. Die Rastorps blieben bis zur Mitte des 14. Jahrhunderts. Bereits 1387 aber wird Schack Rantzau als Ahne einer bis in die Gegenwart fortdauernden Besitzerfolge dieser bedeutenden Familie genannt, die nur einmal, zwischen 1610 und 1651, durch Verkauf unterbrochen war.

So ist es nicht verwunderlich, daß die Rantzaus auf Rastorf auch immer wieder als Bauherren in Erscheinung getreten sind. Zuerst im ausgehenden Mittelalter, als das erste Wohnhaus Gestalt annahm, das dann später mehrfach erweitert wurde und in Abbildungen als mächtiges Doppelhaus mit Turm und Anbau überliefert ist. Dann im frühen 18. Jahrhundert, als der Generalmajor und spätere Reichsgraf Christian Rantzau († 1729) nach einem Brand den gesamten Wirtschaftshof durch den Eutiner Hofbaumeister Rudolph Matthias Dallin (um 1670-1743) in geistvoller Weise neu schaffen ließ. Schließlich zu Beginn des 19. Jahrhunderts, als dem Grafen Carl Emil Rantzau das jahrhundertealte Doppelhaus nicht mehr kommod erschien und er den damals bedeutendsten Architekten in den Herzogtümern, Landbaumeister Christian Frederik Hansen (1756-1845), beauftragte. Mit ihm gewann Rantzau einen Künstler, der sich radikal von der bisherigen Architektur abgewandt hatte. Hansen setzte dem auf den Gütern verbreiteten Backsteinbarock einen äußerlich nüchternen, aber doch strahlend hellen Putzbau gegenüber, der auf den holsteinischen Gutshof eine südländische Note brachte. Carl Emil gelangte im Gesamtstaat zu hohen Ehren, er wurde Kammerherr, Danebrogsmann, Geheimer Konferenzrat und Mitglied der Ständeversammlung. Verheiratet war er mit Emilie Gräfin Bernstorff, einer Tochter des dänischen Staatministers Andreas Peter Bernstorff. Dem heutigen Eigentümer, Kuno Graf zu Rantzau, blieb es vorbehalten, Rastorf nach schweren Kriegszerstörungen in langjähriger Kleinarbeit wiederherzustellen.

Das Rastorfer **Herrenhaus** ist nach den Verlusten von Perdöl (1884) und Bundhorst (1924) das letzte erhaltene von C. F. Hansen im ostholsteinischen Raum. Es ersetzte ein großes Doppelhaus mit erkerflankiertem Treppenturm und Anbau, ebenfalls in Doppelhausform. Carl Emil Rantzau hatte lange gezögert, ehe er sich zum Abbruch entschloß, angeblich mußte der Turm dann gesprengt werden, so massiv soll er gewesen sein. Im Zweiten Weltkrieg durch eine Luftmine schwer getroffen, konnte das Hansensche Haus erst 1968 wiederhergestellt werden. Seitdem ist die östliche Seite etwas verkürzt, die ausgewogene Symmetrie der Fassade verloren. Im Gutsarchiv liegen die Originalpläne des Landbaumeisters, die eine gute Vorstellung von dem intakten Gebäude vermitteln. Über rustiziertem Kellersockel erheben sich zwei Vollgeschosse, ein niedriges Mezzanin und ein abgeflachtes, ehemals brüstungsbekröntes Walmdach, heute schiefergedeckt. Hauptmotiv der fünfachsigen Hoffront ist das für Hansen typische Säulenportal, das einer dorischen Tempelfront gleicht. Auf der Gartenseite mit einem halbrund vortretenden Mittelrisalit ist die Wandfläche erheblich stärker in Fenster aufgelöst.

Im Erdgeschoß gibt es eine Folge von Räumen mit originalen Ausstattungsdetails. Man betritt zunächst das **Vestibül** mit schlichter

Wandfelderteilung, Gesimsen in klassischer Gebälkform und Scheinkassettierung an der Decke. Der Querflur vor dem Gartensaal ist durch zwei wandhohe dorische Säulen zugänglich. Seitlich der Flügeltür in den Gartensaal sind rundbogige Figurennischen angeordnet, darüber und über den Türen Supraporten mit Rankenemblemen. Der tiefovale, durch drei Fenstertüren belichtete **Gartensaal** nimmt in seinen Wandöffnungen ein drittes Mal das Säulenmotiv mit ionischen Säulenpaaren wieder auf. Der sparsame Deckenstuck - Konsolgesims und Mittelrosette - ist aus der Erbauungszeit, ebenso im **Eßzimmer**, dessen kassettiertes Deckenfeld zarte Rankenfüllungen hat.

Die Dallinschen Hofgebäude sind mit ungewöhnlichem Aufwand errichtet und fallen aus dem üblichen Rahmen der holsteinischen Gutsarchitektur heraus. Vom ausgeprägten Repräsentationswillen des Bauherrn zeugen geweißte Eckrustizierungen und Gesimse, zahlreiche großflächige Sprossenfenster in den Wohngebäuden, insbesondere aber die große Zahl von ursprünglich mindestens fünfzehn Schaugiebeln an fünf Bauwerken, an allen unübersehbar die Baudaten und Wappen von Carl Emil Rantzau. Trotz massiver Einbußen infolge von Bauschäden, Bränden und Kriegseinwirkungen hat dieses geschlossene Ensemble wenig von seiner Faszination eingebüßt.

Symmetrische Hofgebäude des Gutes Rastorf

Beiderseits des in den 1720er Jahren erbauten Ehrenhofes mit schlichtem Rasenplatz stehen in der Anordnung von Kavaliershäusern links das **Bedientenhaus** und rechts der **Reitstall**, beides eingeschossige Bauten mit zweigeschossigen Mittelrisaliten, blendengezierten Schweifgiebeln an den Seiten und am Risalit. Am Bedientenhaus fällt das aufwendige Sandsteinportal auf, mit korinthischen Pilastern, Segmentbogengiebel und Rantzauwappen in altertümlicher Kartusche, Baudatum auf dem Gebälk. Anschließend ragen die beiden mächtigen, ehemals reetgedeckten Wirtschaftsgebäude auf, rechts die **Scheune** und links das **Kuhhaus**. Ehemals waren alle Schildgiebel geschweift, wie heute noch die zum Herrenhaus gewandten, und auch die kleinen Mittelrisalite an den Langseiten zum Hof waren übergiebelt. Völlig singulär ist die Auszierung der Giebel mit großen geweißten Blendfeldern in Form von Vierpässen, Rhomben und Kreisen. Das **Torhaus**, als letztes 1729 errichtet, ist nicht nur Zufahrt zum Gutshof, sondern schließt in seiner ungewöhnlichen Länge den gesamten Gebäudekomplex architektonisch ab. Der wohlproportionierte Torrisalit mit beidseitigen Schaugiebeln ist reich durchfenstert, die Feldseite gerahmt durch zwei Gartentore aus der ersten Hälfte des 18. Jahrhunderts mit massigen Backsteinpfeilern und zierlichen schmiedeeisernen Torflügeln.

Auffällig an der Dallinschen Anlage ist, daß die Symmetrie nicht vollkommen durchgehalten wird: Das Bedientenhaus ist kürzer als sein Pendant und liegt weiter ausgerückt. Das hat seine Ursache in zwei mittlerweile verschwundenen Bauten: dem damals noch vorhandenen älteren Herrenhaus mit einem asymmetrischen Anbau auf der Westseite und einer Brücke über die Schwentine, deren Zufahrt zwischen Herren- und Bedientenhaus verlief.

Vom ehemaligen **Barockgarten** an der Ostseite des Gutshofes ist, bis auf Reste von Lindenalleen und Umfassungsgräben, nichts erhalten. Ein lohnenswerter Spaziergang führt vom Torhaus in westlicher Rich-

Allee und Torhaus von Gut Rastorf

tung durch eine Lindenallee am steilen Nordufer der Schwentine entlang. Nach kurzer Zeit stößt man auf den schon von weitem sichtbaren **Gedenkstein** für Christian Emil Rantzau (1716-1777), ein frühes Monument des Klassizismus. Die jugendliche Witwe ließ die noble, schlichte Marmorstele mit empfindsamen Trauerversen durch den damals bedeutendsten dänischen Bildhauer Johannes Wiedewelt (1731-1802) fertigen. Die von einem schmiedeeisernen Gitter umfriedete Stele erhebt sich in der Mitte des Weges, der sich hier platzartig weitet. Ehedem war der Ort als Trauerhain mit einem Kranz dunkler Tannen umgeben, der sich vor einer noch erhaltenen Feldsteingrotte mit zweiläufiger Treppe als rückwärtigem Abschluß öffnete. Hier im Halbdunkel saß die Trauernde und lauschte, wie erzählt wird, dem Murmeln einer heute versiegten Kaskade als Symbol ihrer Tränen. *(La)*

GUT RIXDORF

Das Gut Rixdorf beeindruckt durch den größten und bestgepflegten Wirtschaftshof im Lande, eine einheitliche Schöpfung des Spätbarock und zugleich durch seine anmutige Lage in der ostholsteinischen Hügellandschaft.

Der Hof liegt in einer Senke, die von dem dort noch schmalen Flüßchen Kossau durchzogen wird, unmittelbar an der Landstraße von Plön nach Lebrade. Am Ende des Hofes befand sich an der tiefsten Stelle das Herrenhaus in Gestalt einer Wasserburg. Der von der Kossau gespeiste, jetzt trocken gefallene Graben ist noch erkennbar. Dahinter steigt das Gelände steil an. Hier finden sich noch Reste des Barockgartens. Nordöstlich des Hofes war die Kossau einst zu einem großen See aufgestaut.

Rixdorf war vor den beiden Bodenreformen in unserem Jahrhundert mit 4.600 ha (heute insgesamt etwa 1.500 ha an landwirtschaftlicher Fläche, Wasser und Wald) eines der größten Güter im Lande. Seine Geschichte läßt sich bis in das 13. Jahrhundert zurückverfolgen. Nach dem Aussterben der Ritter von Riclikesdorp gelangte es 1424 in den Besitz der Familie von Ahlefeldt, 1494 der Familie von Reventlow, die es bis 1606 besaß und wohl den Gutshof an der heutigen Stelle anlegte. Die überlieferte einheitliche Hofgestalt ist aber erst das Werk Wulff Heinrichs von Baudissin (1671-1748), der das Gut 1725 erwarb. Er stammte aus einer Offiziersfamilie, hatte unter Prinz Eugen und Marlbourough gedient, war dann kursächsischer General und zeitweilig Minister. 1741 wurde er in den erblichen Reichsgrafenstand erhoben.

Baudissin verpflichtete für sein Vorhaben den Eutiner Hofbaumeister Rudolf Matthias Dallin (um 1680-1743), der gerade den Umbau des Eutiner Schlosses (s. dort) im wesentlichen abgeschlossen hatte und mit der Erneuerung des Wirtschaftshofes von Gut Rastorf (s. dort) beschäftigt war. Nach Dallins Gesamtplanung entstanden zwischen 1726 und 1730 alle Wirtschaftsgebäude neu, während das altertümliche Herrenhaus aus dem ersten Drittel des 17. Jahrhunderts wie auf Rastorf erhalten blieb. Das 1837 wegen Baufälligkeit abgerissene Gebäude war eine in herkömmlicher Weise von einem Wassergraben umschlossene Dreiflügelanlage. 1790 mußte Graf Heinrich Friedrich Baudissin (s. Knoop) das Gut zur Begleichung von Spielschulden seiner Gemahlin dem Grafen Clemens August Wilhelm von Westfalen überlassen, der es nur für Sommer- und Jagdaufenthalte nutzte. Es befindet sich bis heute im Besitz der Familie.

Der fast unverändert erhaltene spätbarocke **Wirtschaftshof** wird von langgestreckten Backsteingebäuden mit hohen Reetdächern gebildet. Parallel zur Straße nach Lebrade liegt das schlichte **Torhaus** von fast hundert Metern Länge mit gedrückt korbbogiger Mitteldurchfahrt unter einem gaubenartigen, geschwungenen Giebel. Im Reetdach befindet sich, in dekorativer Anordnung zwischen zwei Rundbogenluken und unter einem Ochsenauge, das von zwei Greifen gehaltene Wappen des Bauherren mit der Grafenkrone und der Inschrift "Soli Deo Gloria - Wulff Hinnrich v. Baudissin - Anno 1732" in Sandstein. Die Seiten des Torhauses wurden ursprünglich als Scheune mit zwei Einfahrten von der Giebelseite und als Stall genutzt.

Charakteristische Schmuckformen Dallins zieren alle Wirtschaftsgebäude und zeichnen sie in Verbindung mit den harmonischen Gebäudeproportionen aus: Das dunkelrote Ziegelmauerwerk aus Feldbrandsteinen über einem Granitquadersockel wird durch senkrechte Rauten- oder Zickzackmuster aus schwarzgebrannten Ziegeln aufgelockert, und die Weißkälkung der Sturzbögen über den Öffnungen und der Sägezahnverband an den Giebelseiten ergänzen den Formenkanon.

Gut Rixdorf

Der breite Hofplatz wird in einigem Abstand vom Torhaus von der ehemaligen **Weizenscheune** links und dem ehemaligen, 1736 datierten **Kuhhaus** rechts eingefaßt. Sie richten durch unterschiedliche Schrägstellung den Blick sowohl auf das Verwalterhaus als auch auf den Ort des einstigen Herrenhauses. Der trapezförmige Platz zwischen den beiden Wirtschaftsgebäuden war ursprünglich mit Obstbäumen bepflanzt, zwischen denen in der Mitte die Zufahrt zu einem gemeinsamen Vorplatz von Herrenhaus und Verwalterhaus hinführte. Diese für einen ostholsteinischen Gutshof ungewöhnliche Situation, in der das Herrenhaus nicht in der Hofachse lag und dem Verwalterhaus eine bedeutungsvolle Lage eingeräumt wurde, erklärt sich aus zwei Faktoren: Zum einen stammte das Herrenhaus noch aus einer Zeit, als die Schutzlage das wichtigste war. Zum anderen wurde das Gut selten vom Gutsherren selbst, sondern von Verwaltern bewirtschaftet, die natürlich von ihrem

Haus aus den Überblick über den Hof haben mußten. Das **Verwalterhaus** erhielt nach einem Umbau um 1890 ein Schieferdach mit mittlerem Erker im sogenannten Schweizer Stil. Im übrigen geht es wie alle Gebäude auf Dallin zurück. Das Mittelportal wird von rustizierten Pilastern eingefaßt und zeigt das baudissinsche Wappen ·aus Sandstein über dem Sturz.

Den Querraum zwischen dem Torhaus und den beiden großen Wirtschaftsgebäuden schließt rechts der zurückliegende ehemalige **Reitstall** ab, ein mittelgroßer Breitbau mit halbrundem Giebel über dem Mittelportal. Ein Stall des gleichen Typs in anderer Ausrichtung befindet sich hinter der Weizenscheune als Kopfbau einer langgestreckten **Wagenremise** aus Fachwerk. Die Gesamtfläche der großen, den Eindruck des Hofes bestimmenden Reetdächer beträgt etwa 1.800 qm. Das Material wird noch überwiegend an den Gutsteichen geerntet.

Auf dem ansteigenden Gelände hinter dem einstigen Herrenhaus ließ Wulff Heinrich von Baudissin zwischen 1745 und 1748 einen **Garten** im Stil des Rokoko anlegen, dessen Mittelachse die Achse des Herrenhauses verlängerte. Gartenarchitekt war George Tschierske (1699-1753), der für den Plöner Herzog tätig war (s. Schloß Plön). Auch das kundige Auge kann kaum noch Hinweise auf diese Anlage erkennen, die seit Ende des 18. Jahrhunderts mehrfach landschaftsgärtnerisch umgestaltet wurde und heute verfällt. Im Anschluß an den Garten errichtete 1902 der damalige Eigentümer des Gutes, Graf Clemens von Westfalen, ein neues großes Herrenhaus im englischen Cottage-Stil (heute Erholungsheim).

Sozialgeschichtlich interessant ist die sogenannte **Vorstadt** neben dem Gutshof an der Straße nach Lebrade, eine Zeile von eingeschossigen Gutsangestellten- und Arbeiterhäusern, die seit den 1830er Jahren im Laufe des 19. Jahrhunderts von der Gutsverwaltung gebaut wurden.

(Ha)

SCHLOSS PLÖN

Das Plöner Schloß erhebt sich wie eine Krone über der Stadt und der hügeligen Seenlandschaft der Holsteinischen Schweiz. Bei seiner Anlage im frühen 17. Jahrhundert bezog man erstmals in Deutschland die Baugestalt bewußt auf den umgebenden Landschaftsraum. Die Höhenlage auf einer schmalen Landbrücke zwischen zwei Seen erinnert noch an die voraufgehende Burg des Mittelalters. Eine wechselhafte Geschichte hat aber im überlieferten Gebäudebestand ihre Spuren hinterlassen: 1623 bis 1761 war Schloß Plön Residenz des herzoglichen Hauses Schleswig-Holstein-Sonderburg-Plön, einer Nebenlinie des dänischen Königshauses, Mitte des 19. Jahrhunderts Sommersitz des dänischen Königs Christian VIII., danach preußische Kadettenanstalt, an der im Prinzenhaus die Söhne des deutschen Kaiserpaares erzogen wurden. Heute ist es Internat.

Unvergleichlich wie die Fernwirkung des Schlosses über den Großen Plöner See ist seine Ansicht von Nordwesten von der schnurgerade darauf zulaufenden Bundesstraße aus Richtung Kiel und Preetz. Das breit gelagerte Bauwerk erhebt sich an höchster Stelle am Ende des nach Osten zur Stadt steil abfallenden Moränenwalls auf künstlich geschaffenem weitem Plateau. Von der Stadt führt ein direkter beschwerlicher Weg herauf, eine flachere Zufahrt geht im Nordosten von der Hamburger Straße ab. Das Schloß öffnet sich dreiflüglig nach Süden zum Großen Plöner See. Der Ausblick von den Schloßterrassen gehört sicher zu den nachhaltigsten landschaftlichen Eindrücken, die Besucher Schleswig-Holsteins mitnehmen können. Das weiträumige Schloßgebiet mit seinen zahlreichen Nebengebäuden erstreckt sich auf dem nach Südwesten niedriger werdenen Morä-

Seeseite und Terrasse von Schloß Plön

nenkamm mit zwei tiefer liegenden, ebenfalls künstlich hergestellten Plateaus, dem Reitplatz und dem Lustgarten, die durch Alleen verbunden werden. Der ausgedehnte, in den gestalteten Landschaftsraum übergehende Schloßbereich lädt zu Spaziergängen ein.

Die Stadt, die sich unterhalb des Schlosses an den Burgberg schmiegt, hat infolge natürlich begrenzter Entwicklungsmöglichkeiten zwischen mehreren Seen ihr mittelalterliches Gefüge ziemlich geschlossen bewahrt. Der Zusammenhang des tiefliegenden Altstadtbereichs mit der Stadtkirche im Mittelpunkt und dem hochliegenden Schloß ist ein hierzulande ungewöhnliches Bild. Die seit 1866 am Fuße des Moränenhanges auf schmalen Uferstreifen des damals (noch einmal 1881/82) abgesenkten Sees geführte Eisenbahnstrecke Neumünster-Plön-Neustadt (heute Lübeck-Kiel) fügt sich besser ein als die breite, die Seenlandschaft durchschneidende neuere Umgehungsstraße des Stadtkerns im Norden. Dank der Absenkungen des Seespiegels konnte eine reizvolle Uferpromenade geschaffen und bis zur landfest gewordenen Prinzeninsel verlängert werden, die mit ihrer Gastwirtschaft ein beliebtes Ausflugsziel ist.

Eine erste, von Slawen errichtete Burg "Plune" existierte bereits seit dem 10. Jahrhundert auf der Insel Olsborg im Großen Plöner See. Sie wurde später, nach Zerstörung und Wiederaufbau im Jahre 1158, von dem Schauenburger Grafen Adolf II. als Stützpunkt seiner Landnahme und Kolonisation in den Slawengauen genutzt. Gleichzeitig entstand die Marktsiedlung auf dem Festland. 1173 wurde die Burg auf den hohen Endmoränenhügel, den sogenannten Bischofsberg, unmittelbar westlich der Marktsiedlung verlegt. Zwischen 1290 und 1390 war sie Hauptsitz der regierenden Linie der Grafen von Schauenburg. Der Städtegründer Adolf IV. von Schauenburg verlieh 1239 der Siedlung lübisches Stadtrecht. Nach dem Aussterben der Plöner Linie der Schauenburger im Jahre 1390 verloren Burg und Stadt ihre zentrale Bedeutung. Erst ab

1564, mit der Errichtung und Übertragung des Herzogtums Schleswig-Holstein-Sonderburg-Plön durch König Friedrich II. an seinen Bruder Johann den Jüngeren, kam es zu einem spürbaren Wandel in der Entwicklung von Stadt und Burg.

Die bekannte Stadtansicht von 1593 in dem Braun-Hogenbergschen Städteatlas zeigt die Burg als ein Konglomerat aus mehreren zusammengebauten Häusern. Herausragend neben einem noch als romanisch bezeichneten Teil der mittelalterlichen Anlage mit zwei Rundbogenfenstern ist ein hoher zweigeschossiger Bau mit steilem Satteldach, Stufengiebel und einer Reihe großer Dachgauben. Es handelt sich um das "neue große Haus", errichtet nach einer Brandschatzung durch die Lübecker im Jahre 1534.

In den Jahren 1633 bis 1636 - mitten im Dreißigjährigen Krieg - ließ Herzog Joachim Ernst (reg. 1622-1671) aus Anlaß seiner Vermählung mit der Gottorfer Prinzessin Dorothea Augusta den Schloßbau nach einheitlichem Plan neu errichten, nachdem die gesamte Burganlage abgeräumt worden war. Dieser Neubau hat sich bis heute mit äußerlich geringen Veränderungen erhalten. Ursprünglich allerdings standen die weiß geschlämmten Außenmauern in leuchtendem Backsteinrot, mit sandsteinernen Fenstergewänden und gleichfalls rotem Pfannendach, dazu in reizvollem Gegensatz die kupfergrünen Dachreiter.

Der letzte regierende Plöner Herzog Friedrich Carl (reg.1729-1761) baute das Schloßgebiet mit erheblichem Aufwand zur Residenz nach französischem Vorbild aus. Das damals seit geraumer Zeit leerstehende und notdürftig erhaltene Schloß bekam eine aufwendige Ausstattung im Stil des Rokoko. Nach dem Tode Friedrich Carls fiel das Herzogtum vertragsgemäß an den dänischen König Friedrich V. (reg. 1746-1766). Damit war die glanzvolle Zeit des Schlosses als Stammsitz und landesherrliche Residenz nach nur etwa 200 Jahren beendet. Das Herzogtum wurde mit dem königlichen Anteil von Holstein wiedervereinigt, die Plöner Regierung nach Glückstadt verlegt, wo die königlichen Landesteile Schleswig-Holsteins zentral verwaltet wurden. Die Herzoginwitwe Christine Armgard behielt bis zu ihrem Tod 1779 Wohnrecht im ersten Obergeschoß des Ostflügels. Dann wurde das Schloß königlicher Sitz eines Amtsmannes. Zugleich bewohnte der schwerkranke, in einer Traumwelt lebende Thronfolger des Oldenburger Herzogs Friedrich August, Peter Friedrich Wilhelm, - als regierungsunfähig erklärt und abgeschieden von der Umwelt - einen Teil des Schlosses, bis er 1823 starb. Ab 1833 wurde in einigen Räumen des Schlosses eine Gelehrtenschule eingerichtet. Seit 1840 diente es als königliche Sommerresidenz. Dazu mußte es allerdings, da es sich in beklagenswertem Zustand befand, durchgreifend renoviert und im damals zeitgemäßen Stil modernisiert werden.

Mit der Einverleibung Schleswig-Holsteins in das preußische Reich nach dem deutsch-dänischen Krieg wurde das Plöner Schloßgebiet 1868 Kadettenanstalt. Das war verbunden mit erheblichen baulichen Änderungen und Hinzufügungen. Angegliedert wurde die Prinzenschule zur Unterrichtung der Söhne Kaiser Wilhelms II. von 1896 bis 1910 in dem zu diesem Zweck erweiterten spätbarocken Lusthaus des Gartens. Erhebliche Umbauten erlitt auch das Schloß, das dabei seine alte Ausstattung bis auf Reste verlor. 1920 wurde die Anlage staatliche Bildungsanstalt, 1933 Nationalpolitische Erziehungsanstalt der NSDAP. Damals gelangte der Weiße Saal des Schlosses an das Thaulow-Museum und kann jetzt in Schloß Gottorf in Schleswig besichtigt werden. Seit dem Krieg ist Schloß Plön staatliches Internat und daher in weiten Bereichen für die Öffentlichkeit nicht zugänglich.

Der breitgelagerte, dreiflügelige **Schloßbau** wurde einheitlich in den Jahren 1633 bis 1636 errichtet. Nahezu ohne jeden äußeren Schmuck wirkt er bei näherer Betrachtung recht nüchtern. Über einem

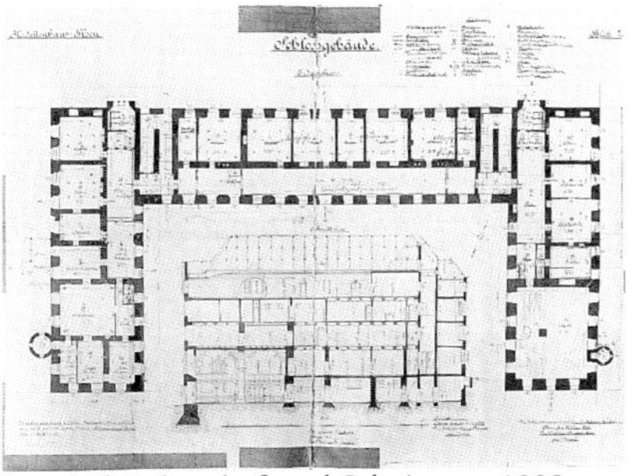

Grundriß Erdgeschoß und Schnitt von 1908

Feldsteinsockel erheben sich drei Vollgeschosse mit regelmäßigen Fensterreihen. An der Hofseite liegen drei gleichartige Rundportale in strenger Pilasterrahmung. Das mächtige Walmdach wird von einer Reihe großer Zwerchgiebel umringt, die jeweils drei Fensterachsen zusammenfassen. Den Mitteltrakt bekrönen seitlich zwei barocke Dachlaternen. Das heutige Erscheinungsbild als geweißter Putzbau mit Schieferdeckung der Dächer geht auf die Jahre 1843/44 zurück. Die beiden Treppentürme an den Seitenflügeln, Dachaufbauten und Erker sind Zutaten des späten 19. Jahrhunderts. Die Hauptansicht vom See aus bereicherte einst eine Terrassenanlage am steilen Südhang des Schloßberges, die mit Wein bepflanzt war.

Das Schloß erhebt sich auf einer künstlich hergestellten Plattform auf dem höchsten Punkt des Moränenwalls. Die Plattform bildet eine geräumige Terrasse um das Bauwerk herum, die einst Brüstungen hatte und mit Eckpavillons besetzt war. Von ihr führen im Süden zwei gegenläufige Auffahrt-Rampen zu dem zwischen den Flügeln erhöht gelegenen **Ehrenhof** hinauf. In dessen Mitte befand sich ehemals ein Springbrunnen. Die Südterrasse umschloß ein niedriger Vorbau. Sein sicherlich begehbares Flachdach mit Brüstung lag auf derselben Ebene wie die Terrasse und ermöglichte einen phantastischen Seeblick.

Das **Innere** des Schlosses wurde im 19. und 20. Jahrhundert mehrfach umgebaut. Ablesbar blieb der **Grundriß**: Zentraler Bereich ist der Mitteltrakt mit seinen drei Eingängen, die rechts und links jeweils zu einem Schachttreppenhaus nach italienischen Vorbildern führen - darüber sitzen die beiden Dachlaternen -, während sich der Mitteleingang auf einen breiten Quergang öffnet, der als eine Art Vestibül den Räumen auf der Nordseite vorgelagert ist. Die Treppen führen zum zwischen ihnen gelegenen **Rittersaal** im zweiten Obergeschoß, der sich mit einem Holztonnengewölbe in der während der NS-Zeit überformten Gestalt von 1907 zeigt. Er nimmt die gesamte Gebäudetiefe in Anspruch, so daß auf beiden Längsseiten im Norden und Süden aus jeweils sieben Fenstern eine weite Aussicht ins Land gegeben ist. Das gleiche bot sich in den ost-west-gerichteten fünf kleineren Sälen in den Seitenflügeln. Der westliche Seitenflügel wird durch kleine, von den beiden Treppenhäusern zu erreichende Gänge auf den Hofseiten erschlossen. Parallel dazu und am Ende der Flügel liegen Appartements aus drei bzw. vier Räumen. Nur jeweils ein Raum ist durch seine von Außenwand zu Außenwand reichende Größe als Saal erkennbar und damit von repräsentativerem Zuschnitt. Der Ostflügel enthielt statt des Appartements im Erdgeschoß und im Sockelgeschoß die zweigeschossige **Schloßkirche**. Sie wurde in den 1930er Jahren durch Einzug einer Zwischendecke zugunsten des sogenannten Remters zerstört. Im Remter sieht man noch die Kreuzgratgewölbe über einem Mittelpfeiler zwischen mächtigen Gurtbändern. Der untere Teil ist heute Fahrradkeller. Nördlich der Kapelle befindet sich in zwei quadratischen Räumen die herzogliche **Gruft** mit zahlreichen, zum Teil prächtigen Sarkophagen des 17. und 18. Jahrhunderts, eine der wenigen in Schleswig-Holstein, die zu besichtigen ist. Als Besonderheit in der ebenfalls 1897 eingreifend veränderten Gruft ist der Marmorsarkophag Herzog Friedrich Carls von 1763/66 aus einer Kopenhagener Werkstatt zu nennen. Im **Keller** finden sich noch einige mächtige Tonnengewölbe.

Von der ursprünglichen **Ausstattung** der Wohnräume des Schlosses hat sich nach mehr als 150jähriger Nutzung als Kadettenanstalt und Internat kaum etwas erhalten. Im ersten Obergeschoß des Ostflügels verblieb ein Raum des Appartements der Herzogin Christine Armgard mit einer Rokokostuckdecke der 1750er Jahre. Nur die (zur Zeit nicht zugänglichen) Räume Herzog Friedrich Carls im Geschoß darüber vermitteln noch einen Eindruck von der fürstlichen Wohnkultur und zeigen in Supraporten frühe Ansichten des Schlosses. Im Vorzimmer und Audienzzimmer sind die Decken mit schwerem Akanthus- und Blütenwerk-Stuck noch spätbarock (um 1700), während Kamine, Sockelpaneele, beschnitzte Türen und Spiegel aus der Zeit des Rokoko stammen. Das Schlafgemach wurde zwischen 1753 und 1755 einheitlich ausgestattet. Besonders reizvoll ist das Zusammenspiel der Schnitzereien am großen Alkoven und der Stukkaturen von Bartolomeo Bossi an Wänden und Decke. Erhalten blieb auch die wandfeste Ausstattung der kleinen Bibliothek mit elegant geschnitzten Wandvertäfelungen um 1755. Die Raumfolge wurde 1983/84 restauriert.

Das **Schloßgebiet** besteht seit der herzoglichen Zeit aus vier Bereichen, dem Schloßberg mit dem Schloß, dem unteren Schloßplatz mit Reitbahn, Reithaus und Marstall, dem Schloßgarten mit dem Prinzenhaus und der Insel. Zahlreiche Nebengebäude, die in der Zeit der Schul- und Kadettenzeit im ausgehenden 19. und beginnenden 20. Jahrhundert entstanden - wie beispielsweise Verwalterwohnhaus, Pförtnerei, Inspektorenhaus, Kommandeursvilla, Maschinenhaus mit Nebengebäuden zur elektrischen Selbstversorgung, Maschinenmeisterhaus und Schwimmhalle (heute Ausstellungshalle) - verteilen sich in dem Gelände westlich und südlich am Fuße des eigentlichen Schloßbergs und um den Schloßplatz.

Nach dem Brand des **Vorwerks** (an der Stelle der heutigen Schwimmhalle) 1745 war es möglich und notwendig, den Bereich westlich unterhalb des Schlosses neu zu gestalten. Zunächst wurde das Gelände für eine neue **Reitbahn** planiert, dann entstanden zügig an ihrem Rand zwei wichtige Gebäude, die dem Architekten Johann Gottfried Rosenberg zugeschrieben werden. Als südliche Einfassung wurde 1745 bis 1750 der **Marstall** errichtet, das beste Beispiel seiner Gattung in Schleswig-Holstein. Es handelt sich um einen langgstreckten, eingeschossigen Backsteinbau mit feiner Wandgliederung. Seitlich befinden sich zwei pilastergerahmte Toreinfahrten, die später zu Türen verkleinert wurden. In der Gebäudemitte liegt das repräsentative Haupttor. Seine schmale Attika wird von einer asymmetrischen Sandsteingruppe von dem Bildhauer Johann Sigismund Marchalita bekrönt. Dargestellt sind Putten, die sich um ein liegendes Pferd und eine Vase tummeln. Das Gebäude wurde in der Kadettenzeit als Turnhalle genutzt, der durchgehende Raum später unterteilt. Abschnitte des Muldengewölbes blieben erhalten.

Das **Reithaus** 1747 am westlichen Kopfende der Reitbahn ist ein schlichter Backsteinbau mit breitem Mittelrisalit, in dessen Dreieckgiebel eine Uhr eingefügt ist (daher auch die Bezeichnung "Uhrenhaus"). Mit dem Einbau von Wohnungen 1882 wurde es erheblich verändert. Bei einer 1996/97 durchgeführten Restaurierung konnten der Außenbau weitgehend rekonstruiert und die ausschwingenden Backstein-Flügelmauern wiederhergestellt werden. Leider verfälschen Dachausbau, roter Schlämmputz und die Gestaltung des näheren Umfeldes mit neuen Gartenhäuschen die Wirkung. Da die Wohnnutzung erneuert wurde, kann im gänzlich ausgekernten Inneren der Raum der ehemaligen Reithalle nur im mittleren Drittel anschaulich werden. Heute dient das Gebäude der Marius-Böger-Stiftung für Umwelt und Naturschutz und ist öffentlich zugänglich.

Auf der westlichen Fortsetzung des Moränenkamms liegt der **Schloßgarten**, zugänglich von dem Reitplatz über eine erneuerte, diagonal geführte doppelte Lindenallee mit einem Lindenrondell als Erstem Entree (angelegt bis 1748, das Zweite Entree ist nicht erhalten). Die Allee zielt auf die 'Maison des Plaisance', das ehemalige Große Lust- oder Gartenhaus Herzog Friedrich Carls. Es wurde in seinem mittleren Teil

1744 bis 1751 wohl ebenfalls von Johann Gottfried Rosenberg errichtet: 1896 erhielt es zwei etwas wuchtige Flügelanbauten, die die Wohn- und Schulräume der Söhne des deutschen Kaisers enthielten. Bis 1910 wurde es als Prinzenhaus genutzt. So erklärt sich der heutige Name. Bis vor kurzem diente es dem Internat als Mädchenhaus. Künftig soll der barocke Kernbau wieder öffentlich zugänglich und für kulturelle Veranstaltungen genutzt werden. Es ist mit seiner reichen Raumgestaltung durch Stukkaturen, Wandpaneele, Türen und Malerei ein Hauptwerk der Rokokoarchitektur im Lande, vergleichbar etwa mit dem Jagdschloß Falkenlust in Brühl.

Das **Prinzenhaus** ist ein zweigeschossiger Backsteinbau. Der barocke Kernbau ist sieben-, zum Garten fünfachsig mit jeweils einem dreiseitig stumpfwinklig vortretenden Mittelrisalit. Die Ecken der Risalite zieren Kolossalpilaster, die Gebäudeecken rustizierte Pilaster mit Basen

Lusthaus vor dem Umbau zum Prinzenhaus 1896

und Kapitellen aus Sandstein. Zarte Backsteingesimse und -rahmen der Fenster und Portale und zierlich skulptierte Sandsteinornamente in den Türachsen sowie ein kleiner Balkon mit Schmiedegitter über dem Eingangsportal belegen den hohen künstlerischen Anspruch. Im **Inneren** bildet der durch beide Geschosse geführte querovale **Gartensaal** mit einer breiten, geschwungenen Musikempore den Hauptraum. Großflächige Rocaillestukkaturen schmücken Wände, Emporenbrüstung und Decke. Davor befindet sich im Erdgeschoß ein Vestbül und im Geschoß darüber ein Vorsaal, an dessen gewölbter Decke der Triumph der Flora im Götterhimmel als Fresko dargestellt ist. In den Gebäudeecken liegen in beiden Geschossen kleine Kabinette und das fürstliche Schlafzimmer im Obergeschoß. Alle Räume sind mehr oder weniger stuckiert. Sie hatten ursprünglich auch Fenster an den durch die späteren Flügelanbauten verstellten Seiten. In einem Kabinett des Erdgeschosses finden sich auf marmorierten Wandflächen Leinwand-Panneaus mit gemalten Szenen aus dem italienischen Landleben. Der Stuck im ganzen Hause stammt von Bartolomeo Bossi, die Freskomalerei von Johann Philipp Bleiel.

Der **Schloßgarten** über dem Nordufer des Großen Plöner Sees war ab 1730 durch George Tschierske aufwendig im Régence-Stil angelegt worden. Sein Aussehen ist durch einen prächtigen Stich von Christian Friedrich Fritsch aus der Mitte des 18. Jahrhunderts bis ins einzelne überliefert. Das strenge Prinzip der vorbildichen Gärten des französischen Hochbarocks wurde hier erstmals im Lande in einer schlichteren, dem Gelände angepaßten Gestaltung abgewandelt. Nach Beendigung der herzoglichen Hofhaltung erlaubten die bescheidenen Verhältnisse keine kontinuierliche Pflege mehr, so daß der Garten Ende des Jahrhunderts einer Fruchtbaumschule weichen mußte. Um 1840 entstand im Zusammenhang mit dem Umbau des Schlosses zum königlichen Sommersitz der Landschaftsgarten. Bei seiner Planung durch den hannoverschen Gartenarchitekten Christian Schaumburg wurden die erhaltenen Randalleen im Rahmen einer weiträumigen Gestaltung der Landschaft zum "Naturpark" miteinbezogen. Trotz der Einfügung einer kleinen Sportanlage mit Sportplatz 1930 und eines kleinen Rosariums 1976 sind die historischen Strukturen des öffentlich zugänglichen Gartens noch gut erkennbar.

Der überlieferte **Landschaftsgarten** nutzt das von zwei barocken Lindenalleen eingefaßte Plateau, auf dem sich im 18. Jahrhundert der Lustgarten befand. An diesen Bereich schließt im Norden und Westen der Nübelwald an, einst der mit Pallisaden eingefaßte Tiergarten der Herzöge. Der Wald reicht bis an die Hamburger Straße und den Kleinen Plöner See. Im Westen wird er durch einen kleinen, bereits 1627 geschaffenen künstlichen Kanal zwischen dem großen und dem kleinen See begrenzt. Hier schneidet, kaum störend, die Bahntrasse ein. Nach Südwesten erstreckt er sich auf eine Halbinsel im Großen Plöner See bis hin zum ehemaligen Küchengarten des Schlosses, an dessen Stelle der **Kadettenfriedhof** angelegt wurde. Den Mittelpunkt dieses Waldteils bildet ein barocker Jagdstern (heute **Siebenstern** genannt). Die Fortsetzung der Landzunge, das "Riff", ragt weit in den See hinaus. Es entstand durch die Absenkung des Seespiegels 1881/82 und wurde über eine kleine Brücke mit dem Schloßgarten verbunden. An seiner südlichen Spitze befindet sich die sogenannte Große Insel. Hier trieben um 1900 die Kaisersöhne Landwirtschaft, daher heißt sie heute noch **Prinzeninsel**. Erhalten blieb hier ein reetgedecktes, 1890 zur Prinzenfarm umgebautes Fachwerkbauernhaus, heute eine beliebte Gastwirtschaft. Das gesamte Gebiet lädt mit seinen großartigen Ausblicken über die holsteinische Seenwelt zu ausgedehnten Spaziergängen ein. Im Sommer lohnt sich eine Schiffsfahrt auf dem Großen Plöner See bis nach Bosau. *(Schu)*

Besichtigung:

nur außen möglich

SCHLOSS EUTIN

Eutin hat den Charakter einer kleinen Residenz bewahrt. Wie kein anderer ehemaliger Sitz der Landesherrschaft in Schleswig-Holstein waren Schloß und Stadt von ihrer Gründung im hohen Mittelalter an bis 1918 dauernd in dieser Funktion miteinander verbunden. Eingebettet in die liebliche Hügel- und Seenlandschaft Ostholsteins bilden das im Kern noch mittelalterliche Wasserschloß der Lübecker Bischöfe mit seinem am Ufer des großen Eutiner Sees liegenden, großartigen Schloßgarten und der alte Stadtkern mit zentralem Markt und Kirche einen bedeutenden städtebaulichen Zusammenhang. Das durch Umbauten im Spätbarock geprägte Schloß, seit Beginn des 19. Jahrhunderts Residenz und später Sommersitz der Großherzöge von Oldenburg, wurde bereits 1918 zur Besichtigung geöffnet. Seither wird es mit seiner überlieferten Einrichtung in der Form einer Stiftung als Schloßmuseum erhalten.

Die ehemalige Residenzstadt liegt auf einer flachen Geländeerhebung zwischen Großem und Kleinem Eutiner See. Sumpfige Niederungen ergänzten einst die natürliche Schutzlage und gestatteten nur einen Zugang von Süden über die breite Lübecker Straße. Diese tangiert den in der Mitte der Geländekuppe angelegten trapezförmigen Markt mit dem dahinter liegenden Kirchhof und führt geradewegs zum Schloßbereich, der sich im Nordosten auf einer Halbinsel in den Großen Eutiner See hineinschiebt. An ihrem Ende liegt die Vierflügelanlage des Schlosses. Nach Süden erstreckt sich um eine Bucht des See der ausgedehnte Landschaftspark. Das Stadtgefüge und die Lage des Schlosses überliefern eine Plananlage des frühen 13. Jahrhunderts. Reste der Burg der Stadtherren, der Bischöfe von Lübeck, sind noch im Schloß enthalten. Es war ursprünglich von der Stadt durch einen doppelten Graben getrennt. Ein Aufschwung der Stadt fand nach Verleihung der Stadtrechte 1257 und mit der Verlegung des Wohnsitzes der Lübecker Bischöfe nach Eutin um 1300 statt. Erst mit den Umbauten nach dem verheerenden Stadtbrand 1689 erfolgte eine Öffnung des Schloßbezirks zur Stadt hin, das äußere Grabensystem wurde aufgegeben, der Schloßgarten auf dem inzwischen trockengelegten Sumpfgelände angelegt. Seit dem frühen 19. Jahrhundert bildet ein klassizistischer Vorplatz, der von Gebäuden der Hofhaltung (heute Kreisbibliothek, Eutiner Landesbibliothek und Ostholsteinmuseum) regelmäßig eingefaßt wird, den Zugang.

Schloß und Garten am Rande der Altstadt

Eindrucksvoll ist das Gegenüber von Schloß und Kirche, die auf die Gründungszeit Eutins zurückgeht und neben der Funktion der Stadtpfarrkiche zugleich bischöfliche Kollegiatskirche war. Der Kirchhof ist, wie in mittelalterlichen Städten üblich, umbaut und besonders gegen den Markt durch eine Häuserzeile abgeriegelt. An der zum Schloß führenden Hauptstraße lagen auf der der Stadt abgewandten Seite die Wohnsitze der Herren des Lübecker Domkapitels, die später vom Hofadel übernommen und zumeist klassizistisch erneuert wurden. Am alten Stadtzugang befindet sich das einst unmittelbar hinter dem Lübecker Tor gelegene ehemalige St.-Georgs-Hospital (heute Stadtverwaltung).

Die Anfänge des Eutiner Schlosses liegen im dunkeln. Dem Nachfolger des ersten Bischofs Vicelin des Bistums Lübeck, Bischof Gerold (reg. 1154/55-1163/64), gelang es, in Eutin Fuß zu fassen. Dank guter Beziehungen zum Lehnsherrn Heinrich dem Löwen glückte es ihm, einen ersten Grundbesitz in Eutin zu erhalten. Unter Gerold soll der Überlieferung nach bereits ein bescheidenes Haus gebaut worden sein.

Erst unter einem seiner Nachfolger, Bischof Johann von Tralau (reg. 1260-1276), erhielt Eutin Stadtrechte. Das Bistum Lübeck entwickelte sich zu einem kleinen Territorialstaat, wie er letztlich bis in unser Jahrhundert bestehen sollte. Johann legte den Grundstock für die spätere Burg- und Schloßanlage, indem er ein massives, steinernes Haus anlegen ließ, dessen Kern noch heute in den mächtigen Mauern des Ostflügels des Schlosses steckt. Direkt südlich davon errichtete sein Nachfolger im Bischofsamt Burkhard von Serckem (reg. 1276-1317) eine erste Kapelle, geweiht 1293, die in den darauffolgenden Jahrhunderten - ein erstes Mal bereits 1387/88 - immer wieder erneuert werden sollte.

Die Regierungszeit Burkhards war von tiefreichenden Auseinandersetzungen mit der Lübecker Bürgerschaft gekennzeichnet, so daß sich der Bischof genötigt sah, 1299 aus Lübeck zu fliehen und nach Eutin überzusiedeln. Es gelang ihm, in Eutin vier Stellen für Kanoniker einzurichten, aus denen sich 1309 mit Einverständnis der Lübecker Domgeistlichen ein Kollegiatsstift entwickelte. Die Eutiner Stadtkirche wurde Kollegiatskirche und erhielt einen großen Chorneubau für die neuen Chorherren, die allerdings weiterhin dem Lübecker Domkapitel angehören mußten. Seit Beginn des 14. Jahrhunderts war Eutin damit Sitz der Lübecker Bischöfe (bis 1803).

Im Vertrag von 1272 (der Bestätigung des Stadtrechts durch die Bischöfe) war festgelegt worden, daß Eutin ohne Befestigungen zu bleiben hatte - so daß es hier nie Stadtmauern oder Stadttore gab. Erst Bischof Johannes Muel (reg. 1341/43-1350) gelang es, dieses Verbot zu lockern. Mit ausdrücklicher Genehmigung der holsteinischen Grafen durfte er den noch heute erhaltenen Wassergraben um das Schloß legen, der die Vorburg von der Hauptburg trennte. Erst hundert Jahre später, unter Bischof Nikolaus Sachau (reg. 1439-1449), wurde eine gewölbte Durchfahrt in einem kleinen Torturm errichtet, dessen Reste sich in dem mächtigen Turm des 18. Jahrhunderts erhalten haben. Etwa zu dieser Zeit muß auch der nördliche Westflügel mit seinen äußerst dicken Mauern zur Stadtseite errichtet worden sein. Die Burg bestand damals aus einer Ansammlung einzelner Gebäude, die sich locker um einen Hof gruppierten. Mit dem Ausbau einer Wehrmauer und der Errichtung des mächtigen Rundturms im Südwesten unter Albert von Krummendiek (reg. 1466-1489) kam die Befestigung der Burganlage auf der Stadtseite zu einem gewissen Abschluß.

Die erste Hälfte des 16. Jahrhunderts ist gekennzeichnet von zahlreichen Fehden, Auseinandersetzungen und Besetzungen vor allem im Zusammenhang mit der Einführung der Reformation im Lübecker Bistum, die sich erst 1577 endgültig durchsetzte. Die Eutiner Burg war ziemlich verwahrlost, als Bischof Johann Tiedemann (reg. 1559-1561), der erste verheiratete evangelische Bischof von Lübeck, die Regierung übernahm und mit dem bescheidenen Wiederaufbau begann, den vor allem sein Nachfolger Eberhard von Holle (reg. 1561-1586) mit dem Umbau der Kapelle zur Schloßkirche mit Kanzel, des Torturms und dem Ausbau des Nordflügels fortsetzte.

Das Jahr 1586 bedeutet einen Einschnitt in der Geschichte des Bistums und damit des Schlosses in Eutin, eng verknüpft mit der großen Landesgeschichte (vgl. Schloß Gottorf in Schleswig). Mit der Teilung des Landes in königlich und herzoglich regierte Teile kam Herzog Adolf von Schleswig-Holstein-Gottorf (reg. 1544-1586), Bruder des dänischen Königs Christian III., auf den Schleswiger Thron. Ihm gelang es kurz vor seinem Tod, in dem sofort entbrennenden Streit mit dem dänischen Königshaus um das Lübecker Bischofsamt das Bistum für einen seiner jüngeren Söhne zu sichern. Mit dem erst elfjährigen Johann Adolf Herzog von Schleswig-Holstein-Gottorf (reg. 1586-1607) gelangte der erste Gottorfer auf den Lübecker Thron. Das Lübecker Domkapitel, dem dies nicht ungelegen kam, konnte immerhin erreichen, daß keine direkte Erbfolge eintrat, sondern sein Wahlrecht bewahrt blieb. So wurde nach Johann Adolf sein jüngerer Bruder Johann Friedrich (reg. 1607-1634) und dann dessen Neffe Hans (reg. 1634-1655) gewählt. Weiteres einschneidendes Ereignis für Eutin war ein Vertrag von 1647. Mit dem Ende des Dreißigjährigen Krieges hatte das Lübecker Bistum mit Gottorfer Hilfe seine Eigenständigkeit bewahren können, mußte aber den weltlichen Herren zugestehen, nacheinander sechs weitere Bischöfe aus dem Hause Gottorf zu wählen. Dies sollte bis zur Aufhebung des Bistums und der Umwandlung in ein weltliches und damit erbliches Fürstentum Lübeck 1803 dauern. Da Dänemark weiterhin Anspruch auf den Thron erhob, waren weitere Streitigkeiten vorprogrammiert, die letztlich in der Besetzung des Schlosses in Eutin 1705 gipfelten.

Unter den Gottorfer Herzögen auf dem Lübecker Bischofsthron entwickelte sich die noch mittelalterlich geprägte Burg in Eutin rasch zu einer Nebenresidenz von Schloß Gottorf in Schleswig. Unter Johann Adolf wurden der eckige Nordwestturm um 1600 angefügt und der Torturm erweitert und ausgebaut. Sein Bruder ließ den Nordflügel komplett umbauen und ein neues Treppenhaus mit dem ältesten, noch erhaltenen Portal von 1616 einfügen.

Waren bis in die 1630er Jahre die Wohn- und Arbeitsräume im Ost- und nördlichen Westflügel untergebracht, war es nun - nach Trockenlegung des sumpfigen Geländes im Süden und nach Anlage der ersten Gärten in diesem Bereich - möglich und erwünscht, in den attraktiveren, sonnigen Südflügel umzuziehen. Nach modernsten, vom französischen Schloßbau geprägten Wohnvorstellungen wurden um den mächtigen Rundturm im Südwesten Wohnappartements in den beiden Hauptgeschossen errichtet, jeweils mit Vorzimmer, Audienzsaal, Wohn- und Schlafräumen und Nebenkabinetten. Die anderen Bauten des Schlosses wurden zum Teil aufwendig renoviert, stuckiert, ausgemalt und mit Möbeln ausgestattet sowie die Schloßkirche umgebaut und 1641 geweiht. Mit der Schließung der letzten Baulücke zwischen Rundturm und Torturm entstand die heute noch vorhandene geschlossene repräsentative Vierflügelanlage des Schlosses. Mit Fürstbischof August Friedrich (reg. 1666-1705) begann eine erste höfische Glanzzeit, bis am 27. Oktober 1689 ein verheerender Brand das Schloß vollständig in Schutt und Asche legte. Der Brand zerstörte das Innere des Schlosses mit allen Holzbalkendecken und die gesamte Ausstattung an Möbeln und Gemälden. Die Schloßkirche, geweiht 1694, wurde beim Wiederaufbau komplett erneuert und vergrößert und erhielt ihre heute noch erhaltene Gestalt, alle übrigen Räume wurden zunächst notdürftig wiederhergerichtet. Der Rundturm bekam 1698 seine charakteristische, kupfergedeckte Haube.

Mit dem Regierungsantritt Fürstbischof Christian Augusts (reg. 1705-1726) wurde ein tiefgreifender Umbau unter der Bauleitung und nach Entwürfen des schwedischen Architekten Rudolph Matthias Dallin eingeleitet, der von etwa 1716 bis 1726/27 dauerte. Die noch in mittelalterlicher Manier von Außenwand zu Außenwand reichenden Räume und Säle wurden jeweils auf der Hofseite verkürzt und umlaufend lange Erschließungsgänge, sogenannte Galerien, eingefügt. Der Rittersaal im Norden wurde vergrößert, zwei Flügel des Schlosses wurden aufgestockt und der Torturm in seiner heutigen Gestalt ausgebaut. Im Inneren wurden die repräsentativen Räume aufwendig stuckiert und möbliert. Das Schloß erhielt seine heutige Gestalt. Lediglich eine Aufstockung auch des Ost- und Nordflügels in den 1830er Jahren veränderte noch einmal sein äußeres Erscheinungsbild. Im Zusammenhang mit der Krönung Fürstbischof Adolf Friedrichs (reg. 1727-1750) im Jahre 1751 zum schwedischen König erschien Schloß Eutin auf einer Folge von repräsentativen Kupferstichen, die uns eine Vorstellung der Residenz und des Gartens vermitteln.

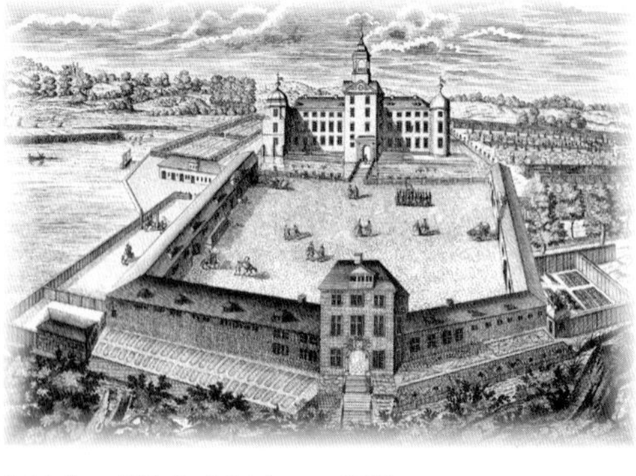

Schloß und Vorhof, Stich von 1743

Durch verschiedene Austauschverträge im Zusammenhang mit russisch-dänischen Auseinandersetzungen und Erbstreitigkeiten wurden 1773 die Grafschaften Oldenburg und Delmenhorst an die Eutiner Linie der Gottorfer Herzöge übertragen. Nach der Auflösung des Lübecker Fürstbistums 1803 waren die inzwischen zu Herzögen von Oldenburg aufgestiegenen Eutiner aus dem Hause Gottorf zu erblichen Fürsten von Lübeck geworden. Damit setzte eine Erbfolge ein, die bis heute andauert. Erst Peter Friedrich

Ludwig (reg. 1785-1829) konnte ab 1815 den Titel eines Großherzogs führen. Sein Verdienst ist - neben der Umwandlung des Barockgartens in einen Landschaftsgarten - vor allem die Berufung zahlreicher Gelehrter an den Eutiner Hof, so daß Eutin den Ruf des Weimars des Nordens erhielt. Unter seinem Sohn Paul Friedrich August (reg. 1829-1853) wurde der begonnene Umbau des gesamten Schloßbezirks vollendet. Mit dem Umzug nach Oldenburg/Old. hatte Eutin aber nunmehr lediglich die Funktion einer Sommerresidenz. Seit 1992 sind das Schloß mit seinem Inventar und der Schloßgarten in den Händen einer Stiftung, die es als Museum betreiben.

Das Eutiner **Schloß** ist eine dreigeschossige **Vierflügelanlage** in breitem Hausgraben, ein ungegliederter Backsteinbau, auf der Hofseite verputzt. Die Silhouette des stadtseitigen Westflügels wird vom mächtigen Torturm und den beiden seitlichen Türmen beherrscht. Die vier Flügel des Schlosses hatten mit ihren Räumen unterschiedliche Funktionen: Im **Südflügel** und im südlichen Westflügel lagen in beiden Geschossen die repräsentativen Empfangs- und Wohnräume der Fürstbischöfe und der herzoglichen Familie, im nördlichen **Westflügel** waren im Erdgeschoß Versorgungs- und Vorratsräume und Zimmer der Dienerschaft und der Schloßwachen, im Obergeschoß Gesellschaftszimmer und Speisesaal, im westlichen **Nordflügel** im Erdgeschoß Küchen, Vorrats-, Wäsche- und Silberkammern, darüber der große Tanz- oder Rittersaal. Östlich des kleinen Treppenhauses befanden sich die Wohnräume der Prinzen mit ihrer Dienerschaft (ehemals waren hier Burgstube und kleiner Tanzsaal untergebracht). Im **Ostflügel** lagen im Erdgeschoß die Räume für die bischöfliche Verwaltung (zur Zeit als neuer Museumseingang umgebaut), darüber die Gäste- und Fremdenzimmer und verschiedene Schlafzimmer. Die Bibliothek war im Nordwestturm untergebracht, während das gesamte zweite Obergeschoß der Dienerschaft und den Prinzessinnen vorbehalten war. Bis auf den Süd- und Südwestflügel sind die Räume wegen noch andauernder Restaurierung zur Zeit nicht zu besichtigen.

Im **Innenhof** können die verschiedenen Bauabschnitte lediglich an den unterschiedlichen **Portalen** abgelesen werden. Im Nordflügel sitzt ein rundbogiges Kalksteinportal mit Masken, Voluten, Wappen und Datum 1616. Das gleichzeitig eingebaute **Treppenhaus** - nach dem Vorbild der italienischen Schachttreppe im Gottorfer Nordflügel - zeigt steigende Tonnen, die reich beschnitzte Balkenköpfe sichtbar lassen, Reste der hier um 1500 eingebauten, sich ehemals nach Osten erstreckenden Burgstube. Am Südflügel sitzt im Westen ein reich ornamentiertes Portal mit Knorpelwerk und einem von Löwen gehaltenen Wappen um 1640/50. Aus der gleichen Zeit ist der Aufsatz des jüngeren Portals im Ostflügel, das Freimaurerzeichen zeigt. Den Umbaubeginn des frühen 18. Jahrhunderts belegt ein schlichtes Portal im Nordwesten von 1717, etwas später das große Hauptportal im Südflügel, gerahmt von dorischen Pilastern, das zum Haupttreppenhaus führt. In den kleinen Giebeln der **Fenster** zum Hof sitzen kleine, zweitverwendete Köpfe und Knorpelwerkmasken aus Sandstein und Stuckgips.

Im **Inneren** wurden die Räume im **Südflügel** des ersten und zweiten Geschosses weitgehend zwischen 1717 und 1726/27 nach Plänen des Hofbaumeisters Dallin neu angelegt und ausgestattet. Die Stukkaturen an den Decken, Supraporten, Kaminrisaliten und Ofennischen von italienischen Wanderstukkateuren gehören zu den qualitätvollsten im Lande und geben einen Überblick über das Formenrepertoire der 1720er Jahre. Die **Fürstenappartements** im Südflügel und südlichen Westflügel liegen in beiden Geschossen in gleicher Raumfolge übereinander. Die schönsten Wohnräume der Fürstbischöfin befinden sich im Obergeschoß: Sie werden über eine breite Haupttreppe im Südflügel erreicht: zwei **Vorzimmer** - davon das zweite mit kräftiger, halbplastischer Stuckdecke, das Strackzimmer mit Supraporten des Eutiner Hofmalers Ludwig Philipp Strack -, ein **Audienzzimmer** - der sog. Rote Salon mit Seidentapeten aus einer Versailler Werkstatt um 1740 -, ein kleines **Kabinett** im Rundturm mit einem run-

Schloß Eutin, Torturm und mittelalterlicher Rundturm

den Deckengemälde von Amor und Psyche in flachem, kurvigem Stuck, und schließlich der **Europasaal**, das Wohn- und Schlafzimmer der Fürstbischöfin. Die frühe Stuckdecke um 1720/21 zeigt eine kräftige ornamentale Scheinarchitektur nach Vorlagen von Carl Maria Pozzi und gelagerte allegorische Hochrelieffiguren der damals bekannten vier Erdteile, ein Werk des nur in Rechnungen belegbaren Carlo Enrico Brenno. Im Mittelspiegel befindet sich ein querovales Gemälde mit der Darstellung des Raubes der Europa auf dem Stier. Zum Europasaal gehört ein weiteres Nebengemach, die **Garderobe**, ein kleiner Raum mit zarter grüner Tapete und einem von Hermen getragenen Stuckbaldachin mit eisernem Pyramidenofen. Im Torturm direkt daneben befindet sich eine kleine, bemerkenswerte **Küche** der Herzogin, die Wände vollständig mit holländischen Fliesen bedeckt, um 1720.

Der **Ostflügel** enthält im Obergeschoß die Gästeappartements für die königliche Verwandtschaft. Zentrum ist der quadratische **Gelbe Salon** im Winkel zwischen Nord- und Ostflügel, symmetrisch gegliedert mit vier Türen und Stucksupraporten, Ofenrisalit mit klassizistischem Ofen und Deckenstuck aus geschwungenem Rahmenwerk der 1720er Jahre. Ähnlich stuckiert sind die beiden anschließenden Räume, im **Gobelin-Zimmer** eine gewirkte Wandbespannung mit Parklandschaften aus einer Versailler Werkstatt um 1750. Hauptraum des **Nordflügels** ist der große **Rittersaal** mit seinen stuckierten Kaminrisaliten, um 1843/45 erhöht. Dabei wurden in die schlichte Stuckdecke zwei Rundbilder mit der allegorischen Verherrlichung des Fürstbischofs Christian August übernommen. Die Fenster zum Hof werden durch großformatige Staatsporträts verdeckt. Im noch von seinen Raumproportionen mittelalterlich geprägten und durch eine alte Kaminwand getrennten **Westflügel** befinden sich das **Gottorf-Zimmer** mit seiner Ausstattung aus dem späten 18. Jahrhundert, ein **Gesellschaftssalon** mit einer Blumentapete um 1830 und ein **Speisezimmer** im nordwestlichen Eckturm mit

Wandschränken und Porzellanregalen des späten 18. Jahrhunderts. Von den Kücheneinrichtungen ist nichts erhalten.

Das Schloß beherbergt kostbares **Mobiliar** des 18. und 19. Jahrhunderts und die größte **Porträtsammlung** Norddeutschlands, zum Teil zeitgenössische Repliken. Die Porträts geben ein Zeugnis von der weitverzweigten Verwandtschaft des Gottorfer Fürstenhauses. Erwähnenswert sind außerdem die zahlreichen, zum Teil großformatigen Gemälde Johann Friedrich Wilhelm Tischbeins, die zahlreichen Tischbeinöfen des frühen 19. Jahrhunderts und die fünf **Schiffsmodelle**, wohl russischer Herkunft, des frühen 18. Jahrhunderts .

Die **Schloßkirche** sitzt im Winkel zwischen Ost- und Südflügel über einem gewölbten Keller, seit dem frühen Mittelalter mehrfach erneuert und umgebaut, zuletzt nach dem großen Brand 1689 bis 1694. Sie ist ein längsrechteckiger, über zwei Geschosse reichender Raum mit umlaufender Holzempore, auf der im Osten über dem Altar die **Fürstenloge** mit geschnitzten Apostelfiguren auf dem Akanthuskamm liegt. Der **Altaraufsatz** ist ein Gemälde nach Rembrandts Radierung der Kreuzabnahme von 1632 in überaus reich geschnitztem Akanthusrahmen, wahrscheinlich von Theodor Allers. Im sprühend lebendigen, stark unterschnittenen Laubwerk erscheinen Putten, Evangelistenbüsten und die Leidenswerkzeuge Christi. An der Südseite der Kirche befindet sich die kleine **Kanzel**, auf der Westempore ein gutes **Orgelwerk** von Arp Schnitger 1750.

Der etwas seitliche Versatz der **Gebäude auf dem Schloßvorplatz** erklärt sich mit beabsichtigten Neubauplänen des gesamten Schlosses zu Beginn des 19. Jahrhunderts. Seit 1820 bestanden Pläne zur klassizistischen Neugestaltung des Vorbereichs, verwirklicht dann unter Aufgabe älterer Gebäude bis 1840 durch die Architekten Johann Friedrich Limpricht und Ludwig Philipp Strack. Im Süden liegt die neue **Wagen-**

remise (heute Kreisbibliothek), im Norden der neue **Marstall** (heute Ostholsteinmuseum) mit nach Norden zum See hin rechtwinklig anschließendem **Reitstall** (heute Gastronomie). Die langgestreckten anderthalbgeschossigen Putzbauten bilden die seitliche Begrenzung eines nahezu quadratischen Platzes. Am Kopfende steht das zweigeschossige **Kavaliershaus**. Der verputzte Breitbau mit niedrigem Walmdach, rustiziertem Erdgeschoß und angedeuteten Seitenrisaliten beherbergt heute die bedeutende Sammlung der Eutiner Landesbibliothek, die ihr Entstehen der ehemaligen Fürstbischöflichen Bibliothek zu verdanken hat.

Der besondere Charakter Eutins wird geprägt durch den **Schloßgarten**, der die liebliche landschaftliche Lage der Residenzstadt am Großen Eutiner See höchst eindrucksvoll und beziehungsreich gestaltet.

Die Anfänge der Gartenkunst in Eutin liegen im ausgehenden Mittelalter. Der erste Schloßgarten wurde vermutlich durch den als Arzt tätigen Bischof Heinrich II. von Bockholt (reg. 1317-1341) als ummauerter "hortus medicus" (Gewürz- und Kräutergarten) angelegt. Ein Lustgarten ist erst seit dem ausgehenden 16. Jahrhundert nachzuweisen. Er entwickelte sich zunächst als Winkelgarten an drei Seiten um den Wassergraben des Schlosses. Für die fürstliche Jagd entstand ein kleiner "Thiergarten".

Ihren ersten überregional bedeutsamen Höhepunkt erreichte die höfische Gartenkultur in Eutin unter Fürstbischof Christian August (reg. 1705-1726). Der prachtvolle **Barockgarten**, eine von dem Gartenarchitekten Johann Christian Lewon geschaffene weitläufige Anlage, ist in einem großen, repräsentativen Kupferstichwerk von 1743 überliefert. Sie erstreckte sich, ausgehend vom Südparterre des alten Gartens, parallel zur Bucht des Großen Eutiner Sees bis an die Oldenburger Landstraße. Die lange Hauptachse zielte auf einen über Terrassen gelegenen Pavillon als abschließenden "point de vue". Dieser war zugleich

Bezugspunkt für einen ebenfalls axial angelegten Nutzgarten auf der anderen Seite der Bucht mit dem hier bis heute erhaltenen Bauhof des Schlosses. Diese zweischenkelige Anlage ließ Herzog Peter Friedrich Ludwig ab 1788 als **Landschaftsgarten** neu gestalten, wobei er Grundzüge des Barockgartens (z.B. die Geländemodellierung, Teiche und Gewässer) uminterpretierte und den Eutiner See mit der Fasaneninsel als wichtiges Wirkungselement einbezog. Seine Kenntnisse der neuen Gartenkunst hatte er auf einer anderthalbjährigen Englandreise (1775/76) gewonnen, die ihn zu den berühmtesten Gartenanlagen der Insel führte. Der neue Garten wurde von den beiden Hofgärtnern Alexander Schremm und Daniel Rastedt realisiert. Für die Bauten zog der Herzog den dänischen Landbaumeister Christian Frederik Hansen und seinen Hofarchitekten Peter Richter heran.

In Eutin entstand ein Landschaftsgarten als Kunstwerk. In hierzulande einzigartiger Weise wurden auf verhältnismäßig kleinem Raum in dichter, differenzierter Gestaltung die Ausdrucksmöglichkeiten des reifen englischen Landschaftsgartens genutzt und in den Dienst der Darstellung einer persönlich geprägten moralischen Lebenssicht gestellt. Der Garten wird als Folge inszenierter Landschaftsbilder erlebt, die unterschiedliche Stimmungen und Gedanken hervorrufen. Durch die Wegeführung stehen sie in einem inhaltlichen Zusammenhang. Dargestellt ist ein symbolischer Lebensweg, eine Lebensreise.

Auf diesem Weg setzten Gartenarchitekturen - errichtet von den Architekten Christian Frederik Hansen, Johann Paul Heumann und Peter Richter - bedeutungsvolle Akzente. Am Anfang steht der **Seepavillon**. Die Einfachheit seiner Bauweise und das Urgestein Granit als Baumaterial weisen auf die Anfänge menschlicher Kultur. Eine höhere Kulturstufe stellt der **Tempel** der Naturgöttin Diana (seit 1877 Carl-Maria-von-Weber-Tempel) dar, der durch sein Tuffsteinmaterial aber noch unfertig wirkt. Die höchste Kulturstufe und Ziel der Lebensreise symbolisiert der mit sorgfältig behauenen Sandsteinsäulen durchgestaltete ionische **Rundtempel** als Ort der Weisheit und Erfüllung. Der antike Bautypus, der in der römischen Landschaftsmalerei des 17. Jahrhunderts die Sehnsucht nach Arkadien ausdrückt, war ein charakteristisches Element des klassischen Landschaftsgartens. Verloren sind das reetgedeckte **Bootshaus** und der reetgedeckte **Eiskeller** am östlichen Seeufer, die in diesem Zusammenhang das schlichte ländliche Bauen darstellten (sie wichen den Bauten der Eutiner Sommerspiele). Auch die weißen **Holzbrücken** bilden in Konstruktion und Gestaltung die kulturelle Entwicklung ab.

Im Norden der Anlage befindet sich der **Schloßbereich**. Dazu gehören der Nordgarten (heute Parkplatz), die Schloßgräben und die Lindenallee über dem Seeufer. Der Garten unmittelbar um das Schloß herum war regelmäßig gestaltet und mit Figuren und Ziervasen ausgestattet. Das Schloß ist nicht nur Mittelpunkt dieses Bereichs, sondern wichtiger Blickpunkt für den Garten insgesamt: Immer wieder erscheint es am Ende von Blickachsen und in Durchblicken. Seine altertümliche Gestalt wurde als romantischer Stimmungsträger genutzt.

Das Gartengelände jenseits der Bucht des Sees war vor der Errichtung der Anlage für die Eutiner Sommerspiele die sog. **Ländliche Gegend**. Hier sollte im Gegensatz zum Schloßbereich durch idyllische Landschaftsgestaltung mit malerischen Gartenbildern und Ausblicken die arkadische Vorstellung vom einfachen und friedlichen Leben in der Natur vermittelt werden. Die charakteristischen Züge der umgebenden Landschaft wurden in die gartenkünstlerische Gestaltung mit einbezogen. Ihre Idealität steht in Spannung zur Realität der "Nützlichkeit" des südlich benachbarten **Küchengartens**. Der Küchengarten war für den Landschaftsgarten als Teil des Gesamtkonzeptes neu angelegt worden. Die Idee einer von Mauern geschützten Anlage, die vor der barocken **Orangerie** (erbaut 1772 durch Georg Greggenhofer) einen weiteren

Eutiner Schloßgarten mit Rundtempel

Ziergarten einschloß, stellte das Verhältnis von Mikrokosmos zum Makrokosmos allegorisch dar und bereicherte zugleich die unterschiedlichen Gartenarten durch die Form des Nutzgartens. Auf den profanen Küchengarten folgt schließlich der als begehbares klassisches Landschaftsbild mit aller künstlerischen Sorgfalt durchgestaltete weihevolle **Tempelgarten** mit dem ionischen Rundtempel an herausgehobener Stelle als dem inhaltlichen Höhepunkt der Gartenkonzeption.

Für das Erlebnis und Verständnis des Gartens hat die Führung und Gestaltung der **Wege** größte Bedeutung. Sie erfüllen nicht nur die Aufgabe, dem Besucher das Durchqueren des Gartens zu ermöglichen, sondern sie leiten ihn von einer Gartengegend zur anderen und damit in unterschiedliche Lebenssituationen und Stimmungen. Die Hauptführung übernimmt der für einen englischen Landschaftsgarten typische **Beltwalk**. Er erschließt das Gelände des Parks von der Peripherie aus (belt = Gürtel). Durch die Windungen des Weges, die Pflanzungen und die Ausnutzung des Bodenreliefs wird der Blick im Gehen auf bestimmte Gartenszenen gelenkt. Der Betrachter tritt dabei in die Bilder ein, da der Wegeverlauf für ihn nicht überschaubar ist. Auch die wahre räumliche Ausdehnung des Gartens wird ihm auf diese Weise nicht bewußt.

Von besonderer Bedeutung für das Erleben des Gartens sind zwei weitere Wegkonzepte, die Lindenallee und der "Philosophische Gang". Die 1788 gepflanzte **Lindenallee** erscheint für einen englischen Landschaftsgarten ungewöhnlich. Doch ist sie für das Verständnis des Eutiner Gartens von größter Bedeutung. Im Gegensatz zu den Alleen in Barockgärten ist sie unbeschnitten und geht weder von einem Bauwerk aus, noch zielt sie auf eins, sondern sie öffnet sich im Norden auf den See und im Süden auf die **Florastatue**. Die Allee versinnbildlicht den Lebensweg: Die Elemente Wasser, Himmel und Erde verweisen auf die Herkunft des Menschen, die geradlinige Perspektive richtet sich auf ein Ziel.

Die Abzweigungen von der Lindenallee zum Seeufer führen auf einen schmalen Uferweg, den sog. **Philosophischen Gang**. Der "Lebensweg" verläuft hier völlig anders: Der Wanderer betritt mit dem Uferpfad eine neue, unübersichtliche Welt. Der Pfad ist eng und fällt oder steigt, aber er bietet den Ausblick auf den See. Das Auf und Ab und die Windungen symbolisieren die Schwankungen, denen das Leben unterworfen ist. Das Gartenbild erweckt Assoziationen von Anfang und Ende des Lebenswegs und von einem Ziel im Jenseits.

Auf dem "Beltwalk" läßt der Wanderer die bukolische Landschaft der Empfindsamkeit und der träumerischen Assoziationen hinter sich und begegnet der Realität des Lebens in dem überschaubar umhegten Nutzgarten. Danach erst erreicht er auf langem Umwege den Höhepunkt des Gartens, den Tempelgarten, den der Rundtempel der Erkenntnis und Weisheit beherrscht. Der Rückweg führt am großen **Wasserfall** vorbei. Schroffer Fels und hoher Wasserfall waren im 18. Jahrhundert Inbegriffe des Erhabenen in der Natur. Eiben auf dem künstlichen Tuffsteinfelsen verleihen dem Ort einen düsteren Charakter.

(Schu)

Schlossmuseum

Besichtigung/Öffnungszeiten:

Besichtigung innen nur mit Führung möglich,
der Park ist immer zugänglich
ab Mitte März - Ende Okt. stündlich Führungen Mo-So 10 - 16 Uhr

Anschrift/Tel.:

Stiftung Schloß Eutin · Frau Dr. Jürgens · Schloßplatz · 23701 Eutin
Tel. 045 21/ 709 50

GUT HASSELBURG

Die axial geordnete Hofanlage zeigt beispielhaft den vollentwickelten Typ des Gutshofs im 18. Jahrhundert. Das Torhaus ist das größte und eleganteste, die ehemalige Scheune eine der größten im Lande. Vor allem aber gibt die Halle des Herrenhauses mit ihrer illusionistischen Deckenmalerei die beste Vorstellung von barocker Raumkunst in Schleswig-Holstein. Aktuelle kulturelle Bedeutung erhält Hasselburg durch die Sammlung von Tasteninstrumenten des 17. und 18. Jahrhunderts. Ebenso eindrucksvoll sind die privat veranstalteten Konzerte in der Halle des Herrenhauses sowie die Konzerte des Schleswig-Holstein Musik Festivals in der zum "ländlichen Konzerthaus" umgenutzten Scheune.

Die ursprünglich vollständig von Wassergräben umzogene (heute nur noch im Norden erhalten) und axial angeordnete Anlage gliedert sich in einen Wirtschafts- und einen Herrenhof. Dieser wird mit anschließendem Garten durch einen querlaufenden Wassergraben und eine Baumreihe abgetrennt und ist über eine Brücke in der Hofachse zugänglich. Architektonischer Hauptakzent ist das große Torhaus. Sein Mittelpavillon mit der Durchfahrt bildet den Blickpunkt einer geraden Zufahrtsallee und beherrscht zugleich als repräsentative Herrschaftsarchitektur den Wirtschaftshof. Dieser wird auf der Nordseite von der ehemaligen Scheune, gegenüber von einem im 19./20. Jahrhundert erneuerten ehemaligen Kuhhaus eingefaßt. Den Herrenhof begrenzen zu beiden Seiten zwei eingeschossige Kavaliershäuser, zwischen denen sich das gedrungene Herrenhaus in klassizistischer Überformung als einziger Putzbau vergleichsweise bürgerlich ausnimmt und Distanzierung zur Feudalarchitektur des Torhauses ausdrückt.

Das Gut Hasselburg wird erstmals im frühen 15. Jahrhundert zusammen mit dem benachbarten Gut Sierhagen im Besitz der Familie von Buchwaldt erwähnt, ist aber sicher wesentlich älter. Vielleicht geht es auch schon auf die deutsche Ostkolonisation um 1200 zurück, deren machtvolles Denkmal die nahegelegene Kirche von Altenkrempe ist. Die Entwicklung des Gutes vollzog sich auf Kosten des Kirchdorfes, an dessen Stelle sich eine Insten- und Kätnersiedlung des 18./19. Jahrhunderts befindet.

Das Gut wechselte im Laufe des 16. und 17. Jahrhunderts mehrfach seine adligen Besitzer. Dabei kam es häufig zur Verbindung mit Sierhagen. Die erste bildliche Darstellung des Herrenhauses findet sich unter den zahlreichen Herrensitzen der Rantzaus auf den Randleisten der Stammtafel der Familie von 1587 ("Rantzau Tafel" aus Breitenburg, heute auf Gut Fredrikslund/Krengerup auf Fünen): ein Doppelhaus im Hausgraben (zum Gebäudetypus s. Wahlstorf).

Die überlieferte Gestalt der Hofanlage prägte die Familie von Dernath, die das Gut durch vier Generationen von 1666 bis 1816 besaß. Die Familie stammte aus Holland und schrieb sich ursprünglich van der Nath. Sie wurde 1655 in den Reichsgrafenstand erhoben. Gerhard I., Kursächsischer Feldmarschall, Geheimer und Kriegsrat, später Falkenmeister am Kursächsischen Hof, heiratete dort die Hofmeisterin Christine v. Ahlefeld und nahm seinen Sitz auf Sierhagen, das er 1666 erwarb. Bei Erbteilung nach seinem Tode 1689 fiel Hasselburg, das damals zu Sierhagen gehörte, an den Sohn Gerhard I. (1668-1740). Dieser hatte die militärische Laufbahn am Gottorfer Hof eingeschlagen. Er brachte es zum Geheimen Rat und Generalleutnant. 1706 trat er in die vormundschaftliche Regierung für den Sohn Herzog Friedrichs IV. ein (s. Schleswig), in der er eine führende Rolle spielte. Er ließ sich in Schleswig vermutlich durch den Hamburger Architekten Nikolas Kuhn ein Palais im modernen französischen Stil erbauen (1868 abgebrannt) und das alte Herrenhaus in Hasselburg modernisieren. Seinem hohen Rang entsprechend stattete er es, wie in den gleichzeitigen Adelspalais in Schlewig üblich, mit einer repräsentativen Treppenhalle aus. Für deren Ausstattung ließ er sich möglicherweise durch die Grafen Schönborn anregen, zu denen er über den jungen Damian Hugo Graf Schönborn, den späteren Erbauer von Schloß Bruchsal, in freundschaftliche Beziehung trat, als dieser 1708 bis 1712 kaiserlicher Gesandter in Hamburg war. Als Maler verpflichtete er 1718 den Piemontesen Johann Gottfried Simola.

Die Schaukelpolitik der vormundschaftlichen Regenten zwischen den beiden nordischen Großmächten Dänemark und Schweden endete mit der Einnahme Schleswigs durch die Dänen (1713). Gerhard fiel in Ungnade und Hasselburg geriet zeitweilig unter dänische Zwangsverwaltung. Seine hohe Verschuldung führte zum Vermögensverfall, aus dem Hasselburg jedoch 1730 gerettet wurde. Aber erst der Enkel Friedrich Otto (1735-1805), er war Geheimer Rat und Kammerherr am dänischen Hof und Landrat, konnte nach Übernahme Hasselburgs 1759 den Wirtschaftshof großzügig ausbauen und 1763 mit dem Torhaus vollenden. Hierfür und für Umbauten im Herrenhaus gewann er den Eutiner Hofbaumeister Georg Greggenhofer (1719-1779). Auch der letzte männliche Sproß des Geschlechts, Magnus (1765-1828), engagierte sich wieder in der großen Politik als dänischer Gesandter in Stockholm, später in anderen europäischen Residenzen. Lange verfolgte er das Ziel, schwedischer Reichskanzler zu werden. Für die Verwaltung seines Besitzes fand er keine Zeit. Seine einzige Bauleistung auf Hasselburg war die klassizistische Überformung des Herrenhauses unmittelbar nach Übernahme des Gutes. 1816 geriet es zusammen mit seinen dänischen Gütern unter den Hammer. Damit endete die Glanzzeit Hasselburgs. Heute sind der Landbesitz und ein Teil der Gebäude getrennt verpachtet.

Das **Herrenhaus** ist ein gedrungener Bau von beträchtlicher Tiefe und mit stark vorspringendem Mittelrisalit. Über hohem Kellersockel erheben sich zwei Geschosse. Die klassizistische Gestaltung des Hauses

Hofseite des Herrenhauses Hasselburg

als Putzbau mit seinem dreiachsigen Mittelrisalit steht im Widerspruch zu dem hohen barocken Walmdach. Die Stärke des Risalits und die Bautiefe erklären sich durch das im Kern mindestens im Keller erhaltene Haus des 16. Jahrhunderts mit rechteckigem Treppenturm vor der Mitte der Traufseite zum Hof. Ursprünglich und auch nach dem Umbau im frühen 18. Jahrhundert muß man es sich als einen Ziegelrohbau in der Art der beiden Kavaliershäuser vorstellen. Diese beiden langen, eingeschossigen, im einzelnen veränderten Gebäude zeichnen sich durch zweigeschossige Mittelrisalite unter steilen Dreieckgiebeln aus, deren Gesimse auf Pilastern aufsetzen. Über den Mittelportalen ist je ein von Löwen gehaltenes, stark verwittertes Sandsteinwappen der Grafen von Dernath mit der nicht mehr lesbaren Jahreszahl 1707 eingelassen.

Das Herrenhaus betritt man über eine zweiarmige Freitreppe und gelangt in die zentrale, durch beide Geschosse geführte **Halle**, die etwa ein Drittel des Hauses beansprucht. Sie wird durch einen ebenfalls beide Geschosse einnehmenden Vorraum im Risalit erweitert. Beiderseits des

Halle im Herrenhaus Hasselburg

Portals treten hier zwei Treppen an, die sich gegensinnig zu einer um die Halle an drei Seiten herumgeführten Galerie emporschwingen. Getragen von ehemals offenen, steigenden Arkaden bilden sie einen festlichen Auftakt für das Raumerlebnis, das im wesentlichen durch illusionistische Deckenmalerei bestimmt wird. Im Vorraum öffnet sich die Decke scheinbar, von Balustraden eingefaßt, in den Himmel, in den Fama, Minerva oder Bellona und Putten mit dem Wappen der Reichsgrafen von Dernath entschweben. Im hohen, hölzernen Spiegelgewölbe der Halle wird der Raum durch eine Scheinarchitektur aus Stuck und Malerei fortgesetzt, die den Blick auf ein Geschehnis der römischen Sagengeschichte freigibt: Auf der Kuppe des Berges Ida kniet im verlorenen Profil der Kriegsheld Äneas vor Venus. Diese läßt ihm, auf einer Wolke thronend, die von Vulkan geschmiedeten Waffen durch Putten übergeben. In dieser Szene aus Vergils Aeneis wird dem Helden ein Ausblick auf seine Nachkommenschaft gewährt bis hin zu Kaiser Augustus, dem Auftraggeber des Epos. Es liegt nahe, eine Anspielung auf die erhoffte Entwicklung des Hauses von Dernath zu vermuten. Die Bedeutung der Szene wird gesteigert durch Darstellungen der vier Erdteile, deren Personal hinter Brüstungen in Arkaden gegenwärtig erscheint. Der perspektivische Illusionismus und die Thematik, hierzulande ohne Vorbild und Nachfolge, lassen Einfluß aus Italien oder Süddeutschland vermuten, der sehr wohl über die Schönborns - man denke an die Treppenhalle in Schloß Weißenstein/Pommersfelden (1713/17) - vermittelt sein könnte.

Die Hasselburger Halle stellt sich allerdings nicht in ihrer zwischen 1710 und 1720 entstandenen ursprünglichen Gestalt dar, sondern in einer geistvollen Veränderung durch Georg Greggenhofer um 1760. Der Baumeister ersetzte die sehr wahrscheinlich zunächst zentrale Treppe durch die beiden in das Entree gezogenen seitlichen Aufgänge auf die Galerie, wodurch er einen Festsaal gewann. Saal und neue Treppen ließ er im zeitgemäßen Rokokostil mit Rocaillen stuckieren. Die Wandfelder wurden mit Gehängen aus Trophäen, Musikinstrumenten und Zeichengerätschaften sowie durch Karyatiden im oberen Teil des Vorraums verziert. Vom ursprünglichen Bestand der Dekoration blieben außer der Deckenmalerei die Büsten von antiken Königspaaren über den Türen im Erdgeschoß und die Bekrönungen der Türen auf der Galerie, die Türen selbst mit geschnitztem Bandelwerk auf den Füllungen der Türblätter und die Balusterbrüstung der Galerie. Für die Treppenbrüstungen wurden barocke Baluster zweitverwendet und bedenkenlos mit prächtigen Rocaillen am Anfang und Ende der Geländer kombiniert. Rokokostuck findet sich auch in verschiedenen Wohnräumen, die sich an drei Seiten um die Halle anordnen.

Das **Torhaus** macht dem Herrenhaus den Repräsentationsanspruch streitig. Als eingeschossiger Breitbau mit kurzen, leicht schräg gestellten Seitenflügeln faßt es den Wirtschaftshof wie eine Klammer zusammen und konzentriert ihn zugleich auf seinen fünfachsigen Mittelpavillon. Dieser zweigeschossige Bau mit seinem eleganten, konvex-konkav geschwungenen Mansardzeltdach zwischen hohen Satteldächern gipfelt in einer offenen polygonalen Laterne mit Zwiebelhaube. Die rundbogige kreuzrippengewölbte Durchfahrt war für Kutschen, aber nicht für voll beladene Erntewagen berechnet, die eine eigene Hofzufahrt im Nordwesten hatten. Die Gliederung des Mittelpavillons erfolgt durch große, leicht korbbogige Kreuzstockfenster und durch ein flaches Relief gestufter Blenden. Beiderseits wird das Tor und das darüberliegende Fenster durch eine gestufte Blende mit eingezogenem Halbkreisabschuß in einem die Hauptachse überhöhenden Dreieckgiebel zusammengefaßt. Das breite Hauptgesims wird herumgeführt. Einfache Blenden rahmen jeweils die beiden Seitenachsen. Zwischen die Geschosse sind hier querliegende Blendfelder geschoben. Die Wirkung des Ganzen beruht gleichermaßen auf Proportionen und Körperhaftigkeit der im Relief fein gestuften Backstein-Achitektur wie auf dem Farbklang von Ziegelrot des Mauerwerks, Weiß der Fenster, Schlußsteine, Gesimse und Laterne und dem Silberschwarz der Holzschindeln auf dem Dach des Pavillons. Über dem

Torbogen finden sich die Wappen des Bauherrn und dessen erster Gemahlin, einer Gräfin Plessen. Im Obergeschoß des Pavillons lag wohl immer die Wohnung des Gutsverwalters (heute des Pächters der Landwirtschaft).

Kornscheune des Gutes

Auch die ehemalige **Kornscheune** hat nicht ihresgleichen. Sie wurde 1761, wohl ebenfalls unter der Leitung Greggenhofers, als reetgedeckter Ziegelbau errichtet. Die Giebel haben Halbwalme und sind durch breite Lisenen und Horizontalbänder gegliedert. Zwei korbbogige Längsdurchfahrten wechseln mit kleinen rundbogigen Türen und Rundfenstern. Am Ostgiebel liest man die fromme Inschrift: "Lasset uns den Herren, unseren Gott lieben, der uns früh Regen und spät Segen gibt. Der uns die Ernte jährlich und treulich behütet" mit der Jahreszahl 1761. In der Mitte der Längsseiten liegt eine Querdurchfahrt, die durch übergiebelte Portalrisalite betont wird. Beiderseits befinden sich in regelmäßigen Abständen rundbogige Stalltüren zwischen Rundfenstern. Im Inneren beeindruckt die gewaltige Vierständerkonstruktion aus Eichenbalken von 26 Fach. Nach der Grundinstandsetzung und Herrichtung zur Konzertscheune (1980-83) wurde an der Westwand im Mittelschiff, dem ehemaligen Stapelfach für das Erntegut, eine Orgel eingebaut. *(Ha)*

Privatbesitz

Besichtigung/Öffnungszeiten:

nur im Rahmen der Konzerte, die im Herrenhaus stattfinden

Auskunft: Konzertagentur Haase · Lienaustr. 10 · 23730 Neustadt

Tel.: 045 61/ 23 33   Fax 21 39

Herrenhaus und Torhaus in Seedorf

Das Seedorfer Gut verdankt seinen Ruf dem großartigen Torhaus der Renaissance. Es ist das eindrucksvollste Monument gutsherrschaftlichen Geltungsanspruchs im 16. Jahrhundert und kann sich neben den gleichzeitig entstandenen Schlössern Herzog Adolfs von Schleswig-Holstein-Gottorf als architektonische Leistung behaupten. Das Baudenkmal ist als Heimatmuseum zugänglich. Im Herrenhaus finden gelegentlich öffentliche Konzerte statt.

Der Gutshof liegt unmittelbar am Südufer des Seedorfer Sees. Von der im späten 16. Jahrhundert neu geschaffenen, rechteckigen Anlage blieben wesentliche Teile erhalten: außer dem Torhaus der Kern des Herrenhauses und der westliche Teil der wehrhaften Befestigung des Hofes mit hohem Wall und wasserführendem Außengraben, die an den See anschließen. Mit einer Modernisierung des Herrenhauses Mitte des 18. Jahrhunderts fand eine gärtnerische Umgestaltung der Gutsanlage insgesamt statt. Das Torhaus wurde Bezugspunkt ausstrahlender Alleen, von denen noch die zentrale Lindenallee erhalten ist sowie Reste einer einst auf die Kirche von Schlamerdorf zielenden Diagonalallee jenseits der Landstraße. Wassergraben, Wälle, Vorwerk, Garten und Jagdgebiete wurden in eine weitgreifende Landschaftsgestaltung einbezogen. Das heutige Bild des Hofes wird besonders in seinem östlichen Teil durch entstellende Veränderungen des 19. und 20. Jahrhunderts bestimmt.

Seedorf ist bereits im Mittelalter als adliges Gut im Besitz der im Segeberger Raum mächtigen Familie von Buchwaldt bezeugt. Der letzte

Eigentümer aus dieser Familie, Heinrich von Buchwaldt, veräußerte das Gut 1480 an die Ritter Blome, eine erst 1406 ins Land gekommene Adelsfamilie. Seedorf wurde ihr Stammsitz. Die Blomes bestimmten 250 Jahre lang seine Geschicke. Durch Erbfolge fiel das Gut 1722 an die Familie von Dernath (s. Hasselburg), wurde aber in den Konkurs des Familienvermögens hineingezogen und ging ab 1732 durch verschiedene Besitzerhände, bis es 1914 an die Grafen von Westphalen gelangte. Das Torhaus gehört seit 1928 der Gemeinde Seedorf.

Bauherr sowohl des Torhauses als auch des ersten Herrenhauses und der Befestigungsanlage war der im Holsteinischen reich begüterte Hans Blome, der das Gut 1572 übernahm. In den Jahren 1571 bis 1593 stand er als Amtmann von Gottorf, Schwabstedt und Hadersleben in den Diensten sowohl des Herzogs Adolf von Gottorf als auch des dänischen Königs Friedrich II., mit dem er zusammen in Kopenhagen erzogen worden war. Als Vertrauter der Königin-Witwe Sophie hatte er erheblichen Einfluß bei Hof und wurde der politische Gegenspieler Heinrich Rantzaus (1526-1599), des königlichen Statthalters in Segeberg (s. Breitenburg). Mit diesem teilte er die Leidenschaft für das Bauen als Mittel, Macht und Ansehen zu demonstrieren. Freilich verachtete er dessen humanistische Büchergelehrsamkeit.

Blome war ein herrschsüchtiger und gewalttätiger Mann. Das Leben seiner Gutsuntertanen galt ihm nicht viel. Die nach 1600 entstandene Anklageschrift "wederde Riderschapt" des Vogtes Claas Adolph Schütt stellt ihn als bedenkenlos, Auftragsmord nicht scheuend und sadistisch dar. So ließ er zur "Einweihung" des Galgens am Torhaus unter nichtigem Vorwand zwei Knechte und vier Mägde erhängen, nachdem die Mägde zuvor von seinen Torwächtern vergewaltigt und von ihm mit glühender Zange gefoltert worden waren. Nach Schütt hauste er mit seinen "subkumpanen" im Torhaus, um sich seiner Frau im Herrenhaus zu entziehen und führte hier ein wüstes Leben, wobei er sich weibliche

Gutsuntertanen zuwillen machte. Aus der Anklageschrift erfahren wir auch beiläufig das Datum der Aufrichtung des Torhausdachstuhls am 4. Mai 1592. Es wird durch dendrochronologische Untersuchungen und die Datierung einer Turmglocke 1593 bestätigt.

Während das Torhaus weitgehend im ursprünglichen Zustand erhalten blieb, mußte das Herrenhaus mehrere, zum Teil tiefgreifende Veränderungen über sich ergehen lassen (um 1700, um 1750/60 und um 1820). In den Jahren 1980 bis 1988 wurde es vor dem fortgeschrittenen Verfall gerettet und nach denkmalpflegerischen Gesichtspunkten grundlegend instandgesetzt.

Das **Torhaus** ist ein hochragender, dreigeschossiger Backsteinbau von vier Achsen Breite mit einem hohen, steilen Walmdach und zwei flankierenden, schlanken Treppentürmen über quadratischen Grundrissen. Sie tragen kombinierte geschweifte, schiefergedeckte Glocken- und Zwiebelhauben. Diese bilden zusammen mit dem Dach eine bizarre Silhouette. In der Mitte des Erdgeschosses befindet sich eine flachbogige Durchfahrt, auf der Feldseite rechts und links daneben je zwei kleine, von Granitquadern gefaßte Schießscharten für Feldschlangen, also Geschütze mit sehr kleinem Kaliber, die den Zugang sicherten. Die schmalen Fenster schräg darüber sind später eingefügt. Die beiden oberen Geschosse werden durch je vier große Kreuzstock-Fenster gegliedert. In den Geschoßebenen und zwischen den Fenstern sitzen Maueranker, die die Dekkenbalken und Zwischenwände mit den Außenwänden verbinden. Die Hofseite zeigt eine etwas andere Gliederung als die Feldseite. Statt der Schießscharten gibt es hier kleine Fenster. Im ersten Obergeschoß deutet die Fensterreihe auf einen durchgehenden Saal. Die Flankentürme zeigen horizontale Putzbänder, die Sandsteinlagen imitieren, ein charakteristisches Stilelement der niederländischen Renaissancearchitektur (s. Reinbek und Husum). Dieselbe Gliederung setzte sich, wie hochkant gestellte Ziegellagen zeigen, am Hauskörper fort und band die Fenster ein.

Außenseite des Torhauses von Gut Seedorf

Der Hauptzugang des Torhauses liegt heute im Ostturm. Ursprünglich wurde es durch kleine Eingänge in der Durchfahrt betreten, die später bis auf einen vermauert wurden. Auf jeder Seite lagen ehemals zwei etwa gleich große Räume. Sie dienten der Torwache und als Hofstube. Ihre Unterteilung ist nachträglich. Von einem dieser Räume ist der westliche Treppenturm zu erreichen, der die oberen Geschosse erschließt. Das erste Obergeschoß wird ebenfalls durch moderne Einbauten verunklärt, während man im zweiten Obergeschoß noch die ursprüngliche Raumaufteilung ablesen kann: Auf der Feldseite liegen zwei quadratische Räume mit je einem Kamin an der Innenwand, auf der Hofseite ein Saal in der ganzen Hausbreite, der wohl nur mit Öfen beheizbar war. Die Räume haben jeweils freiliegende, zum Teil bemalte

Balkendecken aus geschnitzten Konsolhölzern, ähnlich denen in Schloß Reinbek. Das hohe Walmdach besteht aus zwei Konstruktionen: im unteren Bereich ein Kniestock-Krummbinder (wie im Herrenhaus Hoyerswort und in Schloß Reinbek), darüber ein sogenannter liegender Dachstuhl. Das Gebäude muß in kurzer Zeit nach einem Plan entstanden sein, wie das dendrochronologisch ermittelte Fälldatum des Bauholzes 1582/83 beweist. Als Baumeister werden Hans Oberberg, der gleichzeitig in Schloß Gottorf arbeitete, und Peter van Maastricht angenommen. Schriftliche Bauunterlagen fehlen.

Die Vermutung, das Torhaus - französischen Vorbildern folgend - sei zugleich das Herrenhaus des Gutes gewesen, wird durch die Anklageschrift des Vogtes Schütt in gewisser Weise bestätigt. Doch ist dort auch das Herrenhaus erwähnt, das wahrscheinlich gleichzeitig entstanden ist. Raumaufteilung und Beheizbarkeit der beiden Obergeschosse des Torhauses folgen dem Schema des herrschaftlichen Appartements. Das **Herrenhaus** liegt etwa 150 m vom Torhaus entfernt. Als schlichter, breiter, zweigeschossiger Putzbau über hohem Granitquadersockel scheint es hinter ihm zurückzustehen. Es wurde wegen seines spätklassizistischen Äußeren, dem Ergebnis eines durchgreifenden Umbaus um 1820, lange in seiner baugeschichtlichen Bedeutung unterschätzt. Die Entstehungszeit des Herrenhauses ist nicht eindeutig zu klären. Das dendrochronologisch ermittelte Datum 1697 für den 1820 in der heutigen niedrigen Form veränderten Dachstuhl bedeutet nicht, daß das Gebäude damals komplett erneuert wurde. Die Raumaufteilung läßt vielmehr, besonders deutlich im Gewölbekeller, mindestens zwei große Bauabschnitte annehmen. Der erste zeigt die Struktur eines Doppelhauses mit mächtiger Zwischenwand, eine für das 16. Jahrhundert typische Bauform (s. Wahlstorf), während sich der zweite Abschnitt als Verbreiterung des Hauses nach Osten um 1700 verstehen läßt. In der Mitte des ersten Bauabschnitts befindet sich auf der Seeseite eine durch das ganze Haus geführte zweiarmig gegenläufige, schachtartige **Treppe**, die nach italienischer Art mit Zwischenpodesten und steigender Tonnenwölbung gestaltet wurde. Solche Treppenhäuser finden sich in Schleswig-Holstein nur noch im Nordflügel von Schloß Gottorf in Schleswig (um 1590), im Nordflügel des Eutiner Schlosses (1607) und in Schloß Plön (nach 1633). Sie lösten im späten 16. Jahrhundert die Treppentürme mit Wendeltreppen ab. Zur Zeit des Umbaus des Herrenhauses um 1700 waren sie nicht mehr üblich.

Im Erd- und Obergeschoß wurden die im Keller erhaltenen Unterschiede in der Raumstruktur durch die spätere Ausstattung und Stukkierung überformt. Bemerkenswert sind das kleine Vestibül mit seiner spätklassizistischen Architekturmalerei und stuckierte und reich ausgemalte Wohnräume im Erdgeschoß um 1820. Die Schachttreppe wurde im Rokoko stuckiert, desgleichen zwei Räume der Seeseite im Obergeschoß. Der elegante Stuck ist 1758 datiert und von Johann Nepomuk Metz signiert. Der bekannte Stukkateur aus Westfalen war auch im Herrenhaus der Herzöge von Mecklenburg in Ratzeburg tätig . Seine Handschrift zeigt sich besonders in Supraporten-Reliefs mit Putten, die Jahreszeiten-Allegorien verkörpern. In der Nähe des Herrenhauses steht ein kleines reetgedecktes Nebengebäude von 1709, das als Orangerie bezeichnet wird. Es ist ein eingeschossiger Backsteinbau über einem Kellerhalbgeschoß. Stichbogenfenster und derbe toskanische Eckpilaster gliedern das Äußere. In der Fassadenmitte sitzt ein kleines, fein skulptiertes Sandsteinportal. Westlich im Hof liegen Stall- und Wirtschaftsgebäude des frühen 19. Jahrhunderts und die teilweise umgebaute ehemalige Försterei von 1762. *(Schu)*

HEIMATMUSEUM IM TORHAUS

BESICHTIGUNG/ÖFFNUNGSZEITEN:

Torhaus: innen nach Absprache

ANSCHRIFT/ TEL.:

Die Turmschenke · Manfred Frank · 23823 Seedorf b. Bad Segeberg

Tel.: 045 55/ 478

Schloss Breitenburg

Das südöstlich von Itzehoe gelegene Schloß Breitenburg, der im frühen 16. Jahrhundert gegründete Hauptsitz der uradligen Familie Rantzau, verdankt seinen geschichtlichen Ruhm dem Humanisten Heinrich Rantzau. Er entfaltete hier in der zweiten Hälfte des 16. Jahrhunderts fürstliche Lebensformen im Stil der Renaissance. Noch heute ist Breitenburg wegen seiner reichen Kunstsammlungen, insbesondere der Thorvaldsen-Galerie, und seiner wertvollen Bibliothek, deren Kernbestände auf ihn zurückgehen, eine der bedeutenden privaten Kulturstätten Schleswig-Holsteins. Darüber hinaus hat es als Pflegestätte der Reiterei einen guten Namen.

Das weiträumige Gelände der Breitenburg wird von einem Wassergraben umzogen. Die Zufahrt erfolgt über eine Brücke im Norden und wird von zwei Torpavillons eingefaßt. Dahinter gabelt sich der Weg. Der westliche führt zum Schloß, einem mehrteiligen Winkelbau, dessen jetzige Form Erneuerungen und Umgestaltungen vor allem im 19. Jahrhundert prägen. Es wird umgeben von einem ausgedehnten, sich weit nach Westen erstreckenden Landschaftspark. Der östliche Weg führt zum Wirtschaftshof. Südlich daran schließt sich heute ein Reitplatz mit Stallungen an. Hier lag einst der Renaissancegarten.

1526 erwarb der erfolgreiche Feldherr und Berater des dänischen Königs, Johann Rantzau (1492-1565), Amtmann zu Steinburg und später kgl. Statthalter in Holstein, vom Kloster Bordesholm umfangreiche Ländereien in der Störniederung. Hier ließ er auf dem Breitenberg, einer flachen Düne, einen Herrensitz errichten, der aus zwei parallel aneinandergestellten Häusern bestand. Unter seinem Sohn Heinrich Rantzau (1526-1599) wurde Breitenburg zu einem Zentrum des Humanismus im

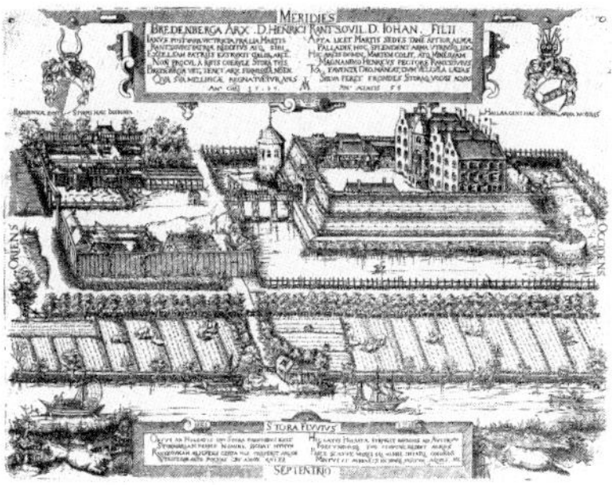

Die Breitenburg, Stich von 1580

Norden. Wie sein Vater königlicher Statthalter in Holstein, war er als Staatsmann, Gelehrter und Sammler von europäischem Ruf die herausragende Persönlichkeit der Renaissance in den Herzogtümern. Von 1565 an ließ er die Anlage durch Trakte an Nord- und Südseite in moderner dreiflügliger Form erweitern, mit Wällen und Wassergraben befestigen und einen Lustgarten in Verbindung mit dem Wirtschaftshof anlegen. Das alte Doppelhaus wurde dabei zum Vierhaus und erhielt einen mittig vorgesetzten Treppenturm nach Entwurf des Dresdener Baumeisters Hans Irmisch. 1580/90 kam südlich noch ein vom Vierhaus abgesetzter Kapellenanbau hinzu. Die Anlage wurde im Dreißigjährigen Krieg 1627 von Truppen Wallensteins nach Belagerung eingenommen und verwüstet; dabei wurden die Kunstschätze samt der berühmten Bibliothek des Humanisten geraubt.

Der vorläufige Wiederaufbau erfolgte unter Christian Rantzau, der seit 1649 als Reichsgraf auf der Breitenburg residierte, und dessen Sohn Detlef, der jedoch das von ihm nördlich von Itzehoe erbaute Schloß Drage (1787 abgebrochen) bevorzugte. Im 18. Jahrhundert erarbeitete Neubaupläne von Johann Christian Böhme (um 1747) und Johann Gottfried Rosenberg (um 1760) kamen nicht zur Ausführung. Stattdessen erfolgte ein Umbau der vorhandenen Gebäude. 1763 wurde das alte Haupthaus bis auf die Kapelle abgetragen. Erst Anfang des 19. Jahrhunderts setzte unter Conrad Peter Reichsgraf zu Rantzau eine umfassende Neugestaltung der Breitenburg ein: 1805 entstand in der Mitte zwischen Kapelle und Nordflügel ein dreiachsiges Giebelhaus. Es

Inneres der Kapelle von Schloß Breitenburg

wurde 1898/99 durch Verbindungsbauten an Kapelle und Nordflügel angeschlossen. Bis 1900 erfuhr die gesamte Anlage einen Ausbau nach der Planung des Architekten Albert Petersen aus Altona.

Das **Schloß** erscheint als zweigeschossiger, aus mehreren Teilen zusammengesetzter Putzbau in Winkelform. Sein burgartiges, durch Türme geprägtes Äußeres ist durch späthistoristische Stilpluralität gekennzeichnet, doch blieben Reste aus den vorhergehenden Bauperioden erhalten.

Zu den ältesten Bestandteilen gehört der Giebelbau der **Schloßkapelle** an der Südseite, einst fünftes Parallelhaus des Herrensitzes von Heinrich Rantzau. Nach Zerstörung der Breitenburg wurde es 1634 an den drei Außenseiten von Grund auf neu gebaut und mit dem polygonalen Treppenturm an der Hofgiebelfront versehen. Das Sandsteinportal schuf 1651 C. Tidemann aus Hamburg in Formen der Spätrenaissance. Im gebrochenen Giebel - von Obelisken flankiert - befindet sich ein Relief des Petrus und darüber das reichsgräfliche Wappen Christian Rantzaus. Die Kapelle wurde 1805 von Johann Matthias Hansen unter Einbeziehung des Portals grundlegend instandgesetzt. Die letzte Restaurierung fand 1964 statt.

Der längsrechteckige Saal besteht aus drei Jochen mit flachen gotisierenden Sterngewölben. Die Kopfkonsolen der Gewölberippen schuf C. Tidemann. Drei breite Spitzbogenfenster mit Sandsteinmaßwerk an der Südseite, in die kleine Wappenscheiben und figürliche Glasbilder des mittleren 17. Jahrhunderts eingelassen sind, belichten den Raum. Für den Altar schuf J. Goetgen den barocken architektonischen Holzrahmen mit Knorpelwerkornamentik und allegorischen Figuren. Das darin enthaltene, 1581 datierte Auferstehungsbild zeigt den als knienden Stifter dargestellten Heinrich Rantzau und Gemahlin. Unter den Gemälden fällt das überlebensgroße Ölbild des mit einer Prunkrüstung bekleideten Johann Rantzau auf, das Joh. von Lunden malte. Es besteht aus vier gravierten und zusammengesetzten Kupferplatten mit der Signatur des Kupferstechers Jakob Mores. Zu der im ersten Viertel des 19. Jahrhunderts erneuerten Ausstattung gehören die Kanzel, der Orgelprospekt auf der Empore über dem Eingang und die Bänke.

Aus der ehemals bedeutenden Grablege der Rantzaus in der Laurentiuskirche zu Itzehoe stammen verschiedene Objekte. Es sind zwei lebensgroße Sandsteinbüsten des Johann Rantzau und seiner Gemahlin, einst Bestandteil eines Tumbengrabes von 1566. Es ist die lebensgroße Liegefigur des Kai Rantzau († 1591) aus Alabaster auf einer ebenfalls zu einem verlorenen Tumbengrab gehörenden Marmorplatte. Und schließlich gelangten noch zwei kastenartige, derb skulptierte Sandsteinsarkophage mit Pilastergliederung, Inschriften und Wappen - der eine 1612 von Henning Heidtrider für Heinrich Rantzau gearbeitet, der andere für Peter Rantzau († 1579) - nach Breitenburg. In der Familiengruft unter der Kapelle befinden sich reich verzierte Metallsarkophage aus dem 18. Jahrhundert.

Der **Nordflügel** des Schlosses zeigt an einem Giebel die Jahreszahl 1673, stammt jedoch im wesentlichen aus dem 18. Jahrhundert und wurde im 19. Jahrhundert um den achtseitigen Eckturm, das breite Zwerchhaus und den zinnenbekrönten Treppenturm im Hofwinkel erweitert. 1805 entstand das die Mitte des ehemaligen Hauptbaus einnehmende dreiachsige Giebelhaus in schlicht gotisierendem Stil. Es erhebt sich über einem, wohl noch auf die Anfangszeit zurückgehenden gewölbten Keller. Die seitlich anschließenden Bauteile zeigen schweren neugotischen Dekor.

Das **Innere** des Schlosses wird im wesentlichen von der Ausgestaltung des 19. Jahrhunderts bestimmt. Die Eingangshalle zeigt Landschaftssupraporten aus dem 18. Jahrhundert. Im Obergeschoß des

Nordflügels liegt die **Thorvaldsen-Galerie**, die größte private Abgußsammlung mit Erstabgüssen von Werken des Bildhauers Bertel Thorvaldsen, die dieser seinem Mäzen Graf Conrad geschenkt hat. Unweit davon befindet sich der in Schmuckformen des Neubarock gehaltene **Spiegelsaal**, der gleichzeitig in den Hauptbau überleitet. Große korbbogige Spiegel zwischen gekuppelten Pilastern und Blattranken zieren seine Wände. Ihm folgt der große **Rittersaal**, in dem die Ahnenbilder der Familie Rantzau hängen. Die Gemäldegalerie mit Werken italienischer und holländischer Meister im südlichen Abschnitt erscheint als verhältnismäßig schlichter Oberlichtsaal. Von hier ist die im Stil der italienischen Gotik mit vierteiligem Gewölbe über einer Mittelsäule ausgeführte **Bibliothek** zu betreten.

Schloß Breitenburg mit Hof und Ziehbrunnen

In der Mitte des gepflasterten Schloßhofes steht der laut Inschrift 1592 unter Heinrich Rantzau errichtete **Ziehbrunnen** mit Sandsteinbrüstung, mit Hermenpilastern verziert. Eine Zwiebelkuppel schließt die Laube ab, die in reicher Durchsteckarbeit mit ausgesägten Figuren der „wilden Jagd" geschmückt ist. Er wurde nach der Zerstörung 1627 neu geschaffen und ist der prächtigste unter den wenigen in Schleswig-Holstein erhaltenen Kunstbrunnen dieser Art.

Der in Form eines englischen Landschaftsgartens mit geschwungener Wegeführung angelegte **Schloßpark** folgte dem vorherigen Barockgarten und geht in seiner Gestaltung auf Planungen im beginnenden 19. Jahrhundert zurück. Einbezogen wurden Reste der ursprünglichen rechteckigen Befestigung des Herrensitzes mit Wällen, runden Eckbastionen und Gräben. Unter Kuno Graf Rantzau erhielt der Altonaer Gartenarchitekt Friedrich C. J. Jürgens den Auftrag zu einer einheitlichen Überformung des gesamten Geländes. Er erweiterte es um den nördlich des Schlosses angelegten See und führte 1882 bis 1884 die Neugestaltung durch. Nach dem Zweiten Weltkrieg wurden die geschlängelten Wege und die Teppichbeete aufgegeben, der westliche Teil abgetrennt. Im Park befinden sich Reste vom Bauschmuck abgebrochener Schloßteile, darunter ein großes, von Löwen gehaltenes Doppelwappen, verzierte Säulenreste und Bruchstücke von Figuren.

(We)

PRIVATBESITZ

BESICHTIGUNG/ÖFFNUNGSZEITEN:

innen und außen nach Absprache, am Wochenende nicht

ANSCHRIFT/TEL.:

Gutsverwaltung Rantzau · 25524 Breitenburg

Tel.: 048 28/ 293

GUT JERSBEK

Jersbek verdankt seinen Ruhm dem größten Gutsgarten im Lande. Das schon von den Zeitgenossen als Höhepunkt barocker Gartenkunst bewunderte Werk wurde im 19. Jahrhundert unter Wahrung seines Alleengerüsts zum Landschaftsgarten verändert. Heute ist es, vom Eigentümer mit Hilfe des Kreises Stormarn gepflegt, ein beliebtes Ausflugsziel, vor allem zur Zeit der Himmelsschlüsselchen-Blüte, die das einstige Parterre in einen gelben Teppich verwandelt. Weniger bekannt, wenngleich von baugeschichtlichem Interesse, ist das ältere Herrenhaus, das noch den spätmittelalterlichen Typ des Doppelhauses tradiert.

Eine vierreihige Lindenallee bildet die Vorfahrt sowohl für den Gutshof als auch für den unabhängig von Hof und Herrenhaus angelegten Garten. Der Hof des späten 16. Jahrhunderts verteilte sich ursprünglich auf drei Inseln in einem aufgestauten See. Der Vorhof mit Torhaus und zwei Baumreihen ist axial auf das Herrenhaus bezogen, das sich auf eigener Insel erhob. Etwas abseits liegt südlich der Wirtschaftshof noch heute im Gutsteich. Man betritt den Garten über ein vor dem Torhaus angelegtes Rondell, in das die Vorfahrtsallee mündet.

Jersbek ist ein relativ junges Gut, das erst im späten 16. Jahrundert aus einer Erbteilung entstanden ist: Am 14. Februar 1587 starb Jasper von Bokwold, Herr auf Gut Borstel und Sierhagen. Im Rahmen eines Erb- oder Brüdervergleichs vom 6. Dezember 1588 im damals üblichen Losverfahren erhielt dann einer der Söhne das Jersbeker Gut, das von Borstel abgetrennt wurde. Unter diesem Hans von Bokwold, der sich jetzt "von Buchwaldt" nannte, wurde dort ab 1588/89 eine bereits bestehende, wohl bescheidene Hofanlage ausgebaut.

Das erste Jersbeker Herrenhaus, ein Doppelhaus, ist unter Hans von Buchwaldt wohl nur geplant worden. Sein (vielleicht gewaltsamer) Tod 1610 könnte die Ausführung verhindert haben. Erst der Sohn Jasper, der das Erbe 1617 antrat, griff das Vorhaben auf und errichtete nachweislich 1619 den Dachstuhl. Wahrscheinlich ist das Herrenhaus in den Jahren 1617 bis 1620 entstanden. Es bestand aus Fachwerk mit bemalten Deckenbalken, wie zahlreiche versteckte Baubefunde, die während verschiedener Sanierungen aufgedeckt wurden, belegen.

1705 heiratete Anna Margarete, die einzige nach kurzer Ehe verwitwete Tochter Jasper von Buchwaldts, Bendix von Ahlefeldt (1679-1757), der damit Herr von Jersbek wurde. Der hochgebildete, leidenschaftliche Liebhaber der Künste und Mäzen war 1722 bis 1726 einer der Pächter und Direktoren der Hamburger Oper am Gänsemarkt. Nach seinem Rücktritt wandte er sich der Ausgestaltung Jersbeks zu. Zunächst baute er das Haus zwischen 1726 und 1729 weitgehend um. Dabei ließ er das Außenmauerwerk massiv in Backstein aufführen. Er verzichtete auf einen Neubau, der eigentlich für das baufreudige frühe 18. Jahrhundert zu erwarten gewesen wäre. Eine Erklärung liegt vielleicht darin, daß sein Ehrgeiz auf die Neuanlage des Gartens gerichtet war, mit der er gleichzeitig begonnen hatte. Das dort 1748/49 von dem jungen Architekten Jasper Carstens errichtete große, beheizbare Lusthaus diente Festen, Theater und Konzertaufführungen, an denen die Hamburger Gesellschaft teilnahm. Lusthaus und Garten stellten zusammen den großartigen Rahmen für ein mit barockem Aufwand inszeniertes gesellschaftliches Leben. Der neugestaltete Herrensitz wird in seiner ganzen Pracht durch eine perspektivische Vogelschau-Ansicht überliefert, den der mit Bendix befreundete Hamburger Architekt Ernst Georg Sonnin zeichnete und der Stecher Christian Fritzsch 1747 als repräsentativen großformatigen Kupferstich publizierte. Damit wurde der Garten, wie es sein Schöpfer wünschte, berühmt. Er galt Zeitgenossen neben den Gärten in Traventhal und Seestermühe als der schönste in den

Herzogtümern. Drei Jahre vor seinem Tode mußte Bendix von Ahlefeldt das Gut an seinen Sohn abtreten. Er hatte sein Vermögen verbraucht.

1774 wurde Jersbek, hoch verschuldet, von dem Hamburger Kaufherrn Paschen von Cossel erworben. Dieser hielt die Anlage in Ehren und publizierte sie nach Veränderungen im Einzelnen in einer Überarbeitung des Fritzsch-Stichs um 1775 mit seinem Wappen. Erst mit der Veräußerung Jersbeks durch die Familie Cossel 1819 kam das Ende des längst nicht mehr zeitgemäßen und viel zu pflegebedürftigen Barockgartens: 1820/21 wurde das Lusthaus abgebrochen und der Garten vollständig landwirtschaftlich genutzt. Seit Jersbek 1840 in die Hände der Familie von Reventlow gelangte, ist wieder von kulturellen Leistungen zu berichten: Der Garten wurde unter Erhaltung der barocken Großstrukturen im Landschaftsstil modernisiert und das Herrenhaus vereinfacht, aber gleichzeitig in zeitgemäßen Formen erweitert.

Das heutige **Herrenhaus** zeigt sich in seinen Grundzügen so, wie es auf dem Kupferstich von 1747 dargestellt ist: ein in Backstein erneuertes Doppelhaus aus zwei längsrechteckigen, schmalen Bauteilen. Je fünf

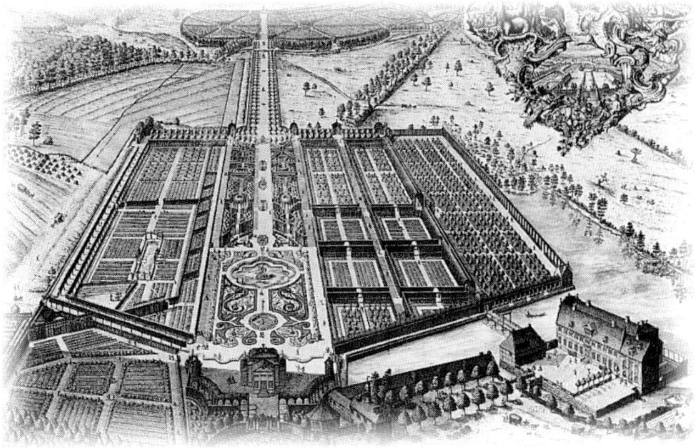

Ansicht des Gartens, Stich von 1747

Fensterachsen flankieren das dem Vorhof zugewandte, repräsentative Mittelportal. Von der barocken Gliederung blieb die Rahmung des Portals mit Pilastern erhalten, die Teilung der Geschosse durch ein Gesims in ein hohes Haupt- und ein niedriges Obergeschoß und die Betonung der Gebäudekanten mit angedeuteter Rustika. Die seitlichen Giebel wurden um 1800 erneuert. Die beiden als Tiermasken gebildeten Wasserspeier zwischen den Giebeln sind ebenfalls noch barock. 1849 wurde der gedrungene quadratische Turm an der Nordwestecke angefügt, 1871 der rückwärtige Flügel mit Saal durch den Architekten Hermann Georg Krüger. Die Raumaufteilung in beiden Geschossen durch jeweils einen schmalen Mittelgang in Längsrichtung, an dem sich fast quadratische Räume anordnen, stammt noch aus dem 18. Jahrhundert. Um 1800 wurde das große Treppenhaus eingebaut. 1991 bis 1995 erfolgte eine grundlegende Sanierung.

Das **Torhaus** des Gutes ist ein schlichter, zweigeschossiger Backsteinbau von 1678, auf der Feldseite ursprünglich aus einem Wassergraben aufsteigend. Die rundbogige Durchfahrt unter hölzernem Gewölbe führt auf das Herrenhaus zu. Im 18. und 19. Jahrhundert erfolgten zahlreiche Umbauten, so wurde u.a. das Dach verändert. Seitlich steht der **Kutschpferdestall**, ein langgestreckter Ziegelbau, der 1761 aus der Zusammenfassung zweier älterer Wirtschaftsgebäude entstand. Etwas abseits, zwischen kleineren Teichflächen liegt der neuere Wirtschaftshof, beachtenswert hier das große **Kuhhaus**, ein Werk des Heimatschutzarchitekten Ernst Prinz von 1917. Der große **Garten** wurde ab 1726 angelegt. Bis heute ist unbekannt, wer ihn entworfen hat. Vermutlich war der Bauherr selbst beteiligt, der auf seinen zahlreichen Reisen viele moderne Gärten kennengelernt und im großen Garten seines Vaters in Seestermühe ein Vorbild hatte. Er könnte den Theatermaler der Hamburger Oper, Jan Fabris, um Mithilfe gebeten haben. Den besten Überblick gewinnt man von der Stelle des ehemaligen Lusthauses, auf das die axialsymmetrische Anlage bezogen war. Den heute von Büschen bewachsenen Geländepodest erreicht man sogleich nach dem Betreten des Areals vom

Rondell vor dem Torhaus. Wie der Vergleich des heutigen Gartenbestandes mit der Darstellung auf dem Stich von 1747 zeigt, blieb von der ursprünglichen Anlage vor allem das **Alleengerüst** erhalten: die zweireihige Seitenallee im Süden, eine geschnittene Heckenallee im Osten gegen den Gutsteich und im Norden eine vierreihige Querallee. Ihre Mitte ist als Rondell gestaltet. Eine vierreihige Allee in Fortsetzung der Hauptachse des Gartens greift einen halben Kilometer nach Norden in die Landschaft aus und wird durch eine Schneise im anschließenden Wald fortgesetzt.

Das weiträumige Rechteck des Gartens teilen Hecken in Quartiere. Der breite, durchgehende Mittelbereich, der ursprünglich das Parterre und das Zierboskett erhielt, stellt sich als Rasenfläche mit Baumsolitären dar. Lediglich in der alten Querachse blieb östlich ein Lindenrondell erhalten, das sich als ausgewachsener "salon de verdure" (kleiner, umpflanzter Raum) zu erkennen gibt. Ein entsprechender "salon" lag an der nördlichen Seite des Bosketts. In den seitlichen Quartieren befinden sich heute zum Teil Obstbaumpflanzungen. Von den ehemals zahlreichen, hoch qualitätvollen Gartenskulpturen sind nur Reste beim Herrenhaus zusammengestellt erhalten: Jupiter, Juno, eine Neptunherme, eine Puttengruppe, zwei Sphingen, die vor dem Lusthaus standen, und zwei Vasen. Eine Titanenfigur vom Fontänenbassin im Gartenparterre steht vor dem Herrenhaus. Diese Marmorfiguren werden dem damals in Hamburg tätigen Johann Christoph Ludwig von Lücke (um 1703-1780) zugeschrieben, der vermutlich ein Schüler von Balthasar Permoser war. Im Wald nordöstlich des Gartens befindet sich die nach 1791 angelegte **Grabstätte des Paschen von Cossel** und seiner Gemahlin Elisabeth, zwei Grabsteine mit Freimaurersymbolen innerhalb eines Mauerrings. *(Schu)*

Privatbesitz

Besichtigung

Park ist öffentlich zugänglich, Herrenhaus nicht

SCHLOSS AHRENSBURG

Der Schloß genannte ehemalige Herrensitz des späten 16. Jahrhunderts ist das Wahrzeichen der heutigen Stadt Ahrensburg. Obwohl unmittelbar am Nordrand des Stadtzentrums gelegen, hat er seine reizvolle landschaftliche Einbettung in das Hunnautal bewahrt. Seit 1938 ist er in seiner Umgestaltung und Ausstattung durch die Familie von Schimmelmann während des 18. und 19. Jahrhunderts als Museum der schleswig-holsteinischen Herrenhauskultur im einstigen dänischen Gesamtstaat öffentlich zugänglich.

Die Grundzüge, Hofanlage und der bauliche Kernbestand des Herrenhauses aus dem späten 16. Jahrhundert, blieben trotz Umgestaltungen erhalten: Eine von breiten Wassergräben und dem aufgestauten Mühlenteich umzogene rechteckige Insel mit Resten von Befestigungswällen, auf der sich das Herrenhaus über hohem Granitquadersockel unmittelbar aus einem Hausgraben erhebt. Der ehemals von Nebengebäuden eingefaßte und im Osten durch ein Torhaus zugängliche Vorhof des Herrenhauses wurde 1868/70 nach Abbruch der Gebäude in die Gestaltung der Insel als Landschaftsgarten einbezogen. Den Hauptzugang der Insel bildet eine 1841/43 erneuerte zweibogige Granitquaderbrücke. Ihr gegenüber liegt der in Resten erhaltene Wirtschaftshof mit dem stattlichen Marstall von 1845 an der Straße. Er dient heute der Stadt als Kulturzentrum.

Ende der 1570er Jahre bis 1585 ließ Peter Rantzau den befestigten Herrensitz als Herrschafts- und Verwaltungsmittelpunkt eines ausgedehnten Gutsterritoriums anlegen, das sein Bruder, der 1569 bei Warberg (Schweden) gefallene dänische Feldherr Daniel Rantzau, ab 1567 aus Ländereien des in der Reformation säkularisierten Klosters

Reinfeld und der Vogtei Ahrensfelde zusammengekauft hatte. Dazu gehörten vier Dörfer, darunter das Dorf Wohldenhorn, an dessen Nordseite der Gutshof entstand und wenig später am Dorfrand dem Herrensitz gegenüber die Gutskirche zwischen zwei Armenhauszeilen, den sogenannten Gottesbuden.

Die verzweigte Familie Rantzau gehörte dem holsteinischen Uradel an. In ihrer Blütezeit im 16. Jahrhundert, das nach ihr das "Goldene Rantzauische Zeitalter" genannt wurde (s. Breitenburg) verfügte sie über den größten Güterbesitz in den Herzogtümern mit 71 Herrenhäusern. Peter Rantzau (1535-1602), Gesandter des dänischen Königs Friedrich II. an verschiedenen Höfen, gedachte, Ahrensburg als Stammsitz seines Familienzweiges "für ewige Zeiten zu begründen". Deshalb stattete er das Herrenhaus mit Opulenz aus und richtete die Kirche als Familiengrablege ein. Im 18. Jahrhundert führten aber Zerwürfnisse mit den Leibeigenen und wirtschaftliche Schwierigkeiten zum Niedergang des Gutes.

1759 erwarb Heinrich Carl Schimmelmann (1724-1782) den vor dem Konkurs stehenden Besitz von den Rantzaus. Der aus mecklenburgischer Familie stammende Kaufmann hatte als Heereslieferant für Friedrich den Großen im Schlesischen Krieg, als kursächsischer Steuerpächter, als Spekulant mit sächsischen Staatspapieren sowie im Münz- und Wechselgeschäft ein beträchtliches Vermögen erworben, mit dem er ab 1758 von Hamburg, ab 1761 zugleich von Kopenhagen vielseitige und weitreichende unternehmerische Aktivitäten entwickelte. Dazu gehörte der Erwerb von Gütern in Holstein und Dänemark, auf denen er Gewerbe ansiedelte und Manufakturen betrieb. Ahrensburg war das erste holsteinische Adelsgut, das er in seinen Besitz brachte, 1762 folgte Wandsbek (hier blieb nur sein Mausoleum erhalten). Seine unternehmerischen Möglichkeiten erweiterten sich, als der dänische König ihn als Berater und Sanierer der zerrütteten Staatsfinanzen heranzog und 1768 zum "Schatzmeister" ernannte. Als einflußreicher Finanz- und Wirtschaftspolitiker wußte er staatliche und private Interessen zu verbinden. Durch Ankauf von Fabriken und überseeischen Plantagen aus königlichem Besitz konnte er mit eigenen Schiffen in den florierenden atlantischen Dreieckshandel (Zucker, Gewehre und Sklaven) einsteigen. Daneben beteiligte er sich als Großaktionär an mehreren Handelskompanien. Auf den Plantagen in Westindien war er der größte Sklavenhalter Dänemarks. Als Gutsbesitzer stellte er sich in die Reihe der führenden Adelsfamilien des Landes. 1762 wurde er zum Freiherrn, 1779 in den dänischen Lehnsgrafenstand erhoben, 1774 in die holsteinische Ritterschaft rezipiert. Seine beiden Töchter, Julia und Caroline, heirateten in den Landesadel ein (s. Emkendorf und Knoop). Der Sohn Heinrich Ernst folgte dem Vater als dänischer Finanz- und Kommerzminister. In den politischen und kriegerischen Turbulenzen der napoleonischen Zeit konnte der Sohn jedoch weder den dänischen Staatsbankrott 1813 noch den Niedergang des Schimmelmannschen Vermögens abwenden. Seinen philantropischen Neigungen folgend, setzte er sich erfolgreich für die Abschaffung von Sklaverei und Leibeigenschaft im dänischen Gesamtstaat ein.

Ahrensburg blieb sieben Generationen lang im Besitz der Schimmelmanns. Graf Ernst Schimmelmann (1820-1885) machte den Herrensitz noch einmal zum Mittelpunkt des verstreuten Familienbesitzes und modernisierte ihn gründlich. Dabei ließ er die Insel zum Landschaftsgarten umgestalten.

1938 wurde das Schloß für die Öffentlichkeit erworben und als Museum der Trägerschaft des "Vereins Schloß Ahrensburg e. V." übergeben. Eine denkmalpflegerische Instandsetzung des Herrenhauses 1938/39 beseitigte Veränderungen des 19. Jahrhunderts am Außenbau zugunsten des ursprünglichen Charakters. Bei einer Sanierung von 1983 bis 1985 wurde der zugeschüttete Hausgraben wieder geöffnet.

Schloß Ahrensburg mit Wassergraben von Nordosten

Auch der heutige Kern der Stadt Ahrensburg ist der Anlage nach eine Schöpfung Heinrich Carl Schimmelmanns. Ab 1759 bis 1764 ließ dieser das Dorf Wohldenhorn als Gewerbeort völlig neu errichten. Der symmetrisch angelegte Plan des Dorfes richtet sich dabei mit seiner Achse auf den Turm der Schloßkirche aus. Der wirtschaftliche Aufschwung hatte indessen keine Dauer. Anfang des 19. Jahrhunderts waren die Einwohner verarmt. 1867 wurden die Gutsländereien parzelliert und der Gutsname ging auf den Ort über. Der Anschluß an die Eisenbahnlinie Hamburg-Lübeck im selben Jahr leitete die erfolgreiche eigenständige Entwicklung ein (1949 Stadtrecht). Der städtebauliche Grundriß des Spätbarock hat sich, wenngleich mit einer heterogenen, mehrfach erneuerten Bebauung erhalten.

Das **Herrenhaus** erhebt sich auf fast quadratischem Grundriß aus dem Hausgraben als heute weiß geschlämmter dreigeschossiger Backsteinbau über hohem Granitquadersockel mit drei parallelen Satteldächern und vier schlanken, polygonalen Ecktürmen. Diese tragen geschweifte Hauben mit bekrönenden Laternen (aus der Bauzeit nur die Konstruktion über dem südöstlichen Turm) und Wetterfahnen in Gestalt eines Ritters auf halbem Pferd, angeblich ein Gedenkzeichen für Daniel Rantzau. Das Mauerwerk muß man sich ursprünglich rotsteinsichtig mit sparsamem Sandsteindekor vorstellen. Die Fensteröffnungen sind weitgehend die alten. Hausgraben und Schießscharten im Sockel dienten weniger der Verteidigung als der Darstellung adliger Wehrhaftigkeit. Die eleganten, nach geometrischen Prinzipien entwickelten Proportionen heben das Bauwerk aus der traditionellen Herrenhausarchitektur traufenseitig zusammengebauter Häuser (s. Wahlstorf, Breitenburg) hervor und lassen es mit landesherrlichen Bauten konkurrieren, insbesondere mit dem ähnlich konzipierten, wenn auch gedrungen wuchtigen und viel größeren Wasserschloß Glücksburg (s. dort).

Beim Umbau zum Landhaus unter Schimmelmann wurde der

Hausgraben zugeschüttet und in der Mittelachse der Südseite ein Gartenportal mit darüberliegendem, heute nicht mehr vorhandenem Balkon eingefügt. Die Sonnenuhr aus dem mittleren 18. Jahrhundert wurde 1985 angebracht. Die Schweifgiebel ließ Schimmelmann neu gestalten (Dachstühle schon 1661 erneuert). Das Hauptportal in der Mittelachse der Nordseite und das darüberliegende Fenster erhielten 1938 ihr heutiges Aussehen. Darüber befindet sich das gräfliche Schimmelmann-Wappen von 1779. Die Zweibogenbrücke aus Ziegelsteinen entstand bei der Öffnung des Hausgrabens 1983 unter Verwendung barocker Brückenpfeiler neu. Davor zwei liegende Sandsteinlöwen von Johann Christoph Ludwig von Lücke, die 1765 für diesen Ort geschaffen worden waren.

Im **Inneren** ist die ursprüngliche Raumteilung mit breiter, einst auf jeder Ebene durchgehender Mittelhalle und je zwei, durch eine querlaufende Kaminwand geschaffenen Raumeinheiten in den schmaleren seitlichen Hausteilen am besten im gewölbten Keller ablesbar. Erd- und Obergeschoß wurden durch den Umbau unter Heinrich Carl Schimmelmann um 1760 und noch einmal grundlegend unter dessen Enkel Ernst Schimmelmann 1855/56 modernisiert. Die reiche Ausstattung mit Mobiliar und Gemälden stammt teils aus diesen Bauabschnitten, teils wurde sie nach 1938 erworben, darunter Mobiliar der Einrichtung von Herrenhaus Emkendorf (s. dort).

Die Aufteilung des Erdgeschosses in Vestibül, anschließenden Gartensaal und eingeschobenes Treppenhaus rechter Hand geht auf den Umbau unter Heinrich Carl Schimmelmann zurück. Im 1856 überformten **Vestibül** sind an den Wänden die einst im Marstall aufbewahrten Prunk-Pferdegeschirre für einen Sechserzug aufgehängt, die der Schatzmeister zur standesgemäßen Auf- oder Vorfahrt anlegen ließ. Der Raum linker Hand wurde mit einem Pariser Eichenpaneel (um 1760/65) als **Eßzimmer** eingerichtet. Die Porträtbüste des Schatzmeisters (Gips

Festsaal im Schloß Ahrensburg

bronziert) ist um 1780 entstanden. Im folgenden Musikzimmer befinden sich zwei 1764 geschaffene Porträtgemälde des Schatzmeisters und von dessen Gattin Caroline Tugendreich in Gesellschaftskleidung. Das Eckkabinett enthält weitere Schimmelmannsche Familienporträts. Im anschließenden Turmzimmer hat sich ein Schirmgewölbe der Renaissance erhalten (ebenso im darunterliegenden Turmraum, in den übrigen Türmen Wendeltreppen des 19. Jahrhunderts). Der **Gartensaal** wurde um 1855/56 im spätklassizistischen Stil neu ausgestaltet. In die Wandvertäfelung sind vier große Leinwandgemälde mit Stilleben und Tieren in Landschaften von Tobias Stranover aus dem ersten Drittel des 18. Jahrhunderts eingelassen. Im rechts anschließenden Zimmer mit Meißner Porzellan aus dem Besitz des Schatzmeisters hat sich eine Rokoko-Stuckdecke erhalten. Eine weitere findet sich im ehemaligen Kabinett rechts neben dem Vestibül, aus dem eine neue Treppe in den Gewölbekeller führt. Die ursprünglich hier gelegene große Wendeltreppe des Renaissancebaus, die durch das ganze Haus ging, ließ Heinrich Carl Schimmelmann durch Einfügung eines aus dem Eckraum ausgegliederten **Treppenhauses** mit der repräsentativen wie bequemen freitragenden Eichenholztreppe ersetzen. Der elegante Schwung des Geländers, die Gitterbrüstung vor dem Fenster und der Stuck des Treppenhauses im Stil des Rokoko stimmen auf die beiden **Festsäle** im Mittelteil des Hauptgeschosses ein, die 1855/56 mit Schmuck-Parkettböden neugestaltet wurden. Die Ausstattung mit Möbeln und Gemälden gehört weitgehend dem Biedermeier an, ausgenommen die prächtigen Möbel (Louis-Seize) und die Gemälde italienischer Landschaften (um 1800) aus Emkendorf. Das Kabinett rechts neben dem Treppenhaus enthält bemalte Leinwandtapeten mit römischen Groteskornamenten, die 1802 von Guiseppe Anselmo Luigi Pellicia für das Kieler Stadthaus Fritz Reventlows geschaffen worden waren (Hauptwerke des Malers in den Herrenhäusern Emkendorf und Knoop).

Von Carl Heinrich Schimmelmanns **Gartenanlage**, die in enormer Ausdehnung geplant war, aber nur eingeschränkt realisiert wurde, blieb außer den Alleen auf den Wallresten der Insel nichts erhalten. Die heutige gärtnerische Gestaltung erfolgte 1868 bis 1870 aufgrund einer Planung des Hamburger Landschaftsgärtners Johann Heinrich Ohlendorff im englischen Stil mit seltenen Baumarten, Geländemodellierungen und einem umlaufenden "belt-walk". Besonders bemerkenswert ist eine150jährige Federbuche. *(Ha)*

SCHLOSSMUSEUM

BESICHTIGUNG/ÖFFNUNGSZEITEN:

April-Sept. Di - So 10 - 12.30 und 13.30 - 17 Uhr
Okt., Febr., März 10 - 16 Uhr
Nov. - Jan. 10 - 15 Uhr

ANSCHRIFT/TEL.:

Schloßmuseum Ahrensburg · Lübecker Straße 1· 22926 Ahrensburg
Tel. 041 02/ 425 10

Gut Wotersen

Geschichte und Gestalt von Gut Wotersen sind aufs engste mit dem Adelsgeschlecht von Bernstorff verbunden. Die Familie hat bedeutende Staatsmänner hervorgebracht, die im18. Jahrhundert die nordeuropäische Politik mitgestalteten. Die herrschaftliche Hofanlage, in der ersten Hälfte des 18. Jahrhunderts nach dem Schema einer kleinen Residenz neu geschaffen, blieb in ihren Hauptzügen erhalten. Der Gutshof dient heute noch weitgehend der Bewirtschaftung der Gutsländereien, das Herrenhaus und eine Reithalle des 19. Jahrhunderts werden für verschiedenartige Veranstaltungen genutzt. Im Treppenhaus des Herrenhauses ist die Bernstorffsche Sammlung von Porträtgemälden bemerkenswert.

Die Hofanlage orientiert sich an einer langen Nordsüd-Achse, die mit einem Zufahrtsdamm, der einst durch sumpfiges Gelände führte, vorbereitet wird. An ihrem Ende erscheint schon von weitem das Herrenhaus, weil auf die im Holsteinischen übliche Abriegelung des Hofes mit einem Torhaus verzichtet wurde. An der Hofeinfahrt liegt ein bassinartig gestaltetes Wasserbecken, das als Tränke und Schwemme diente. Zum ältesten Bestand der Hofbebauung gehören im wesentlichen die Wirtschaftsgebäude, die - hierzulande ungewöhnlich - aus gespaltenen Feldsteinen errichtet wurden. Von der spiegelsymmetrischen Randbebauung sind verschiedene Bauten der 1720er Jahre erhalten: rechts das ehemalige Back- und Waschhaus mit Haferspeicher (verändert) und die ehemalige Roggenscheune - die entsprechenden Gebäude auf der gegenüberliegenden Seite fehlen bzw. sind verändert. Auf der gegenüberliegenden Seite befindet sich das mit der Breitfront zum Herrenhaus gerichtete ehemalige Verwalterhaus von 1721, ein Putzbau mit Eckrustika und hohem Walmdach. Sein

Gegenstück wurde 1852 durch die Reithalle ersetzt, einen roten Ziegelbau mit Stallungen um einen kleinen Innenhof. Das Herrenhaus ist als Dreiflügelanlage mit Ehrenhof hinter eine Querachse zurückgesetzt, die sich beiderseits als Allee fortsetzt und im Osten zu einer ehemaligen Gutsarbeitersiedlung der 1850er Jahre führt. Hinter dem Herrenhaus liegt der Garten.

Seit dem frühen 15. bis Ende des 17. Jahrhunderts war Wotersen als adliges Gut mit eigener Gerichtsbarkeit im Besitz der Familie von Dalldorf. 1717 erwarb es der kurhannoversche, ehemals lüneburgische Minister Andreas Gottlieb von Bernstorff (1649-1726). Die in Mecklenburg begüterte namhafte Familie gehörte zur dortigen Ritterschaft. Andreas Gottlieb war jedoch gezwungen, sein Glück in einer Beamtenkarriere zu suchen. Er brachte es zielstrebig zum Kanzler des Fürstentums Lüneburg, bereitete entscheidend dessen Vereinigung mit dem Fürstentum Hannover vor sowie dessen Erhebung zum Kurfürstentum. Als einflußreicher Minister wirkte er, nachdem der Kurfürst 1714 als König Georg I. auf den englischen Königsthron gewählt worden war, in London an der Gestaltung der nordeuropäischen Politik mit. Seine Einkünfte legte er von vornherein in Landbesitz an. Bereits 1694 hatte er im Lüneburgischen Gut Gartow erworben. Nach 1720 wurde das Herrenhaus, das Landbaumeister Johann Caspar Borchmann neu für ihn entworfen hatte, sein Alterssitz. Weiteren Landbesitz erwarb er in Mecklenburg und 1717 schließlich im Herzogtum Lauenburg, das damals hannoversch war, das Gut Wotersen. Die Bernstorffs besaßen das Gut von 1717 bis 1996.

Dort ließ er noch im selben Jahr etwa an der Stelle des im Dreißigjährigen Krieg zerstörten Gutshofes eine neue Anlage planen, die im wesentlichen auch so realisiert wurde. 1721 begann Borchmann mit dem Bau des Herrenhauses. Es handelt sich um einen zweigeschossigen Breitbau mit hohem Mansarddach und zwei, dem Corps de logis durch

Hofseite des Herrenhauses Wotersen

flachgedeckte Winkelbauten verbundenen Flügeln. Damit entsprach es Gut Gartow. Der Bauherr hat die Fertigstellung nicht erlebt, und noch der Erbe, auf den der Familien-Fideikommis Gartow/Wotersen überging, der Neffe und Schwiegersohn Joachim Engelke von Bernstorff, starb darüber (1737). Das Datum 1736 am Portal kann sich daher nur auf den Rohbau beziehen.

Neuer Erbe auf Wotersen wurde der zweite Sohn Joachim Engelkes, Johann Hartwig Ernst von Bernstorff (1712-1772). Dieser war in den dänischen Staatsdienst getreten und wurde einer der wichtigsten Diplomaten, die die lange Friedensperiode in Nordeuropa nach dem Nordischen Krieg (1700-1720), die "Ruhe des Nordens", einleiteten. Als Außenminister gelang es ihm, Dänemark aus dem Siebenjährigen Krieg herauszuhalten und den Ausgleich mit Rußland vorzubereiten. Sein Neffe und Nachfolger, Andreas Peter von Bernstorff (1735-1797), besiegelte dies mit dem berühmten Tauschvertrag von 1768, der das damals großfürstlich gottorfische Herzogtum Holstein mit Dänemark verband (s. Schierensee). 1767 wurde die Familie in den Lehnsgrafenstand erhoben.

1739 beauftragte Johann Hartwig Ernst den hannoverschen Landbaumeister Johann Paul Heumann mit einer Änderungsplanung für das Herrenhaus, das er aufstocken wollte. Mit der Ausführung wurde allerdings erst zwanzig Jahre später begonnen. 1765 waren die Bauarbeiten bis auf die Ausstattung abgeschlossen. Als Johann Hartwig Ernst 1770 durch den Günstling der Königin, Johann Friedrich Struensee (1772 hingerichtet), gestürzt wurde, zog er sich nach Wotersen zurück, wo er zwei Jahre später starb. Der Innenausbau des Herrenhauses war damals noch nicht fertig. Auch ein im vorletzten Lebensjahr datierter Gartenplan des Architekten Nicolas Henri Jardin, der für seinen Förderer ab 1759 das Stadtpalais in Kopenhagen und das Herrenhaus Marielyst gebaut hatte, blieb unausgeführt.

Die lange Bauzeit des Herrenhauses Wotersen zeigt, daß das Gut im wesentlichen eine Kapitalanlage war. Das gilt auch für die Folgezeit, denn der Erbe, der älteste Sohn von Andreas Peter, lebte auf seinem Besitz Gyldensteen auf Fünen. Die Vollendung des Innenausbaus des Herrenhauses erfolgte erst Mitte des 19. Jahrhunderts, als sich der Urgroßneffe von Johann Hartwig Ernst dauerhaft auf Wotersen niederließ. Ihm ist auch die Modernisierung und Ergänzung der Wirtschaftgebäude und die Umgestaltung des Barockgartens im Landschaftsstil zu verdanken.

Das dreiflügelige **Herrenhaus** besteht aus dem elfachsigen Hauptbau, der infolge des ansteigenden Geländes zum Ehrenhof drei-, zum Garten zweigeschossig ist. Zwei flachgedeckte Winkelbauten verbinden es mit den anderthalbgeschossigen Seitenflügeln. Die drei Flügel haben hohe Walmdächer. Diese Baugestalt ist das Ergebnis des Umbaus ab 1758. Der Ursprungsbau von 1721 bis 1736 war im Haupthaus ein, in den Flügeln ein halbes Geschoß niedriger. Die Flügel hatten Mansarddächer. Der flache Mittelrisalit des Hauptbaus schloß an der Hofseite mit einem flachen Dreieckgiebel ab, an der Gartenseite war er zweigeschossig mit Dreieckgiebel ausgebildet. Er wurde in die Aufstockung einbezogen. Der Bandelwerkdekor im Giebel der Gartenseite und das Eingangsportal mit Bauinschrift und Datum 1736 wurden von dem Lübecker Bildhauer H. J. Hassenberg in Sandstein gestaltet. Die Gliederung des Hauptbaus bildeten ein Sandsteingesims über dem niedrigen Erdgeschoß, Eckrustika und paarweise zusammengerückte Fenster beiderseits von Blendfeldern. Die Flügel wurden durch Lisenen akzentuiert. Diese Elemente wurden bei der Aufstockung berücksichtigt, der Giebel an der Hofseite mit dem Bernstorffschen Lehnsgrafen-Wappen neu angefertigt. Das Erscheinungsbild bestimmte glatter weißer Putz.

Durch das Portal tritt man in eine niedrige Halle, die sich beiderseits in weitgespannten Bögen auf zwei sich entsprechende Treppen öffnen sollte. Ausgeführt wurde nach 1765 allerdings nur das heutige Treppenhaus rechts in vergrößerter, repräsentativer Form. Dort ist der größte Teil der Bernstorffschen Porträtsammlung aufgehängt. Im Hauptgeschoß des Mittelrisalits befindet sich ein zum Hof gerichteter Vorraum, von dem man in den Gartensaal gelangt. Dieser reichte ursprünglich durch beide Geschosse und sollte eine an drei Seiten umlaufende Galerie erhalten. Diese Planung wurde nach 1758 für ein Spiegelgewölbe aufgegeben, von dem aber nur die Unterkonstruktion der großen Randkehlen zur Ausführung kam. Wohl um 1800 zog man die heutige Flachdecke darunter. Die übrigen wohlproportionierten Räume sind äußerst schlicht gehalten.

Aus dem Gartensaal tritt man unmittelbar in den nach 1850 landschaftlich neugestalteten **Garten**. Er zieht sich in den durch einen Steinwall markierten Grenzen nach Südwesten und wird dort durch Geländemodulation und eine zum Teich gestaute Aue, über die eine erneuerte weiße Holzbrücke führt, geformt. Die große flache Rasenfläche am Herrenhaus dagegen prägen Einzelbäume. Von dem Barockgarten zeugt noch ein geradliniger Wall mit Allee am Abfall des Gartengeländes parallel zur Querachse vor dem Herrenhaus.

(Ha)

Privatbesitz

Besichtigung:

Rondell vor dem Gut zugänglich, Gut und Wirtschaftsgebäude
im Rahmen von Sonderveranstaltungen

Anschrift/Tel.:

JMB Schloß Wotersen · VeranstaltungsGmbH
21514 Wotersen · Tel.: 041 58/ 883 30

SCHLOSS REINBEK

Das heutige Kunst- und Kulturzentrum des Kreises Stormarn und der Stadt Reinbek ist, dank sorgfältiger, vervollständigender Rekonstruktion im Rahmen einer Grundinstandsetzung 1977 bis 1986, das anschaulichste Beispiel eines Renaissanceschlosses in Schleswig-Holstein. Es beherbergt eine Sammlung moderner Keramik (Sammlung Thiemann) und empfiehlt sich durch ein Restaurant.

Das ehemalige Jagdschloß der Herzöge von Schleswig-Holstein-Gottorf und Leibgedinge der Herzoginnen ist das erste Beispiel eines frühmodernen unbefestigten Schlosses nördlich der Elbe. Im Westen war ein Wirtschaftshof mit anschließendem Vorwerk vorgelagert. Östlich und nach Süden zur Bille, die hier zu einem Mühlenteich aufgestaut ist, schloß sich ein ausgedehnter Lustgarten an. Im Norden schließlich befand sich ein Nutzgarten, auf den landwirtschaftliche Flächen und Fischteiche folgten. Hiervon ist heute kaum noch etwas zu sehen, denn die Stadt Reinbek, die sich nach Bau der Bahnstrecke Hamburg-Berlin Mitte des 19. Jahrhunderts entwickelte, hat die Anlage weitgehend auf den Schloßbau und dessen unmittelbare Umgebung reduziert.

Das Schloß wurde 1571 bis 1576 für Herzog Adolf an der Stelle eines um 1250 gegründeten, 1529 in der Reformation aufgelösten und 1534 in der sogenannten Grafenfehde (einer Auseinandersetzung zwischen Lübeck und Dänemark) eingeäscherten Zisterzienserinnenklosters planmäßig errichtet. Das Kloster lag westlich des Schlosses, seine Kirche bestand noch, als es gebaut wurde. Der unbekannte Baumeister und seine Handwerker waren wahrscheinlich Niederländer. Zunächst sollte es wohl dem Herzog als Absteige in der abgelegenen Herrschaftsexklave und als Jagdschloß dienen, jedenfalls als vorübergehender Aufenthaltsort für kleine Hofgesellschaften. Bald wurde es kaum genutztes Leibgedinge der Gottorfer Herzoginnen Christine von Hessen (1586-1604), der Frau Herzog Adolfs, und Augusta von Dänemark (1614-1636), der Frau seines Nachfolgers Herzog Johann Adolf. Letztere, eine Schwester des dänischen Königs Christian IV., die ihren Hauptsitz im Schloß Husum hatte, ließ Reinbek um 1620/21 modernisieren, das heißt mit einer Schloßkapelle versehen und ausmalen.

Im 18. Jahrhundert war das Gebäude Sitz der Amtmänner von Reinbek und wurde nur mäßig unterhalten, so daß 1773 der Abbruch wegen Baufälligkeit drohte, der jedoch von dem damaligen Bauinspektor Christian Friedrich Hansen abgewendet werden konnte. 1867 gelangte es in Besitz des preußischen Fiskus. Nach Versteigerung 1874 wurde das bis dahin kaum veränderte Renaissanceschloß rücksichtslos zum Hotel ausgebaut. Wechselnde Nutzungen, u.a. als Schule und zuletzt als Sitz des Holzforschungsinstituts der Hamburger Universität, führten zu weiteren Eingriffen in den Baubestand. 1977 bis 1986 erfolgte eine durchgreifende Restaurierung zum Kulturzentrum des Kreises Stormarn und der Stadt Reinbek. In diesem Zusammenhang entschloß man sich zu einer bis ins Detail gehenden Rekonstruktion des unter Herzogin Augusta geschaffenen Zustandes. Dies geschah vor allem aufgrund der wieder zutage getretenen, weitgehend erhaltenen ursprünglichen Raumaufteilung mit bemalten Holzbalkendecken. Die späteren Veränderungen, besonders die des späten 19. Jahrhunderts, wurden vollständig beseitigt (u.a. ein neugotischer Treppenhausanbau im Schloßhof). So bringt Schloß Reinbek, das zusammen mit dem Schloß vor Husum, dem Torhaus von Gut Seedorf und dem Herrenhaus Hoyerswort (s. jeweils dort) die Anfänge der modernen, niederländisch geprägten Herrschaftsarchitektur in Schleswig-Holstein darstellt, den ursprünglichen Charakter dieser Bauten am besten zur Anschauung. Die auffälligsten Rekonstruktionen betreffen die Steinkreuzfenster mit

Holzluken und Bleiverglasungen, das Schieferdach mit seinen Gauben, die Gewölbe (als Nachbildung in Leichtbauweise) im wieder geöffneten und ergänzten Laubengang und im Inneren einen Teil der Fußböden mit alten holländischen Fliesen, sogenannten Astraken. Konzessionen an die Nutzung waren vor allem der Einbau eines modernen Treppenhauses im Mitteltrakt mit Fahrstuhl, die Anlage von Toiletten im neu geschaffenen Keller sowie die Einrichtung einer Gastronomie im Bereich der ehemaligen Schloßkapelle und dem darunterliegenden Gewölbekeller.

Das **Schloß** ist eine nach Westen geöffnete zweigeschossige Dreiflügelanlage aus Backstein mit sparsamer Sandsteingliederung und einem hohen, schiefergedeckten Walmdach. Der Ehrenhof war ursprünglich gegen den nicht erhaltenen Wirtschaftshof mit einer Mauer und Mitteleinfahrt abgeschlossen. Er liegt etwas höher als das übrige Gelände und wird an zwei Seiten von einem vorgesetzten Arkadengang auf toskanischen Sandsteinsäulen mit darübergelegenem Korridor eingefaßt, der mit Anschleppungen unter die Hauptdächer gezogen ist. Der zur Bille gerichtete Südflügel, der die Repräsentations- und fürstlichen Wohnräume enthielt, benötigte weder Arkaden noch Flur. Ein abschließender Querbau und der ursprünglich einzige Treppenturm im Winkel zum Ostflügel zeichnen ihn als den Hauptflügel aus. Der Treppenturm ist in den Arkadengang rechteckig eingebunden. Darüber erhebt er sich achteckig mit einem zweigeschossigen holzkupfernen Laternenhelm, der 1707 in ursprünglicher Gestalt erneuert wurde.

Die für ein Renaissanceschloß ungewöhnliche, funktionsbedingte Asymmetrie weist auf einen geringen repräsentativen Anspruch (s. dagegen Schloß Husum) hin. Dem entspricht auch die sparsame Gliederung unter Verzicht auf ornamentalen Dekor. Abgesehen von den Säulenarkaden mit Sandsteinquadern in den Korbbögen wird der Baukörper vor allem durch die großen Kreuzstockfenster aus Sandstein und horizontale Sandsteinbänder geprägt. Sie binden die Fenster in Höhe von

Schloßhof von Reinbek

Sohlbank, Kämpfer und Sturz ein. Das Profil der Sohlbänke ist im Obergeschoß als Gesims weitergeführt. Schmückend sind auch die geweißten Holzkonsolen, die das Traufgesims tragen. Vertikale Akzente setzten Abtrittpfeiler, von denen sich nur ein gekuppeltes Rundpfeilerpaar an der Stirn des Südflügels erhalten hat. An der Gartenseite des Südflügels ließ Herzogin Augusta zwei zusätzliche Treppentürme für ihren privaten Gebrauch anfügen. Einer der beiden steht im Zusammenhang mit der Verlängerung des Kopfbaus, der bei der Einrichtung der Schloßkapelle in diesem Teil notwendig wurde. In ihrer schlichten Bauweise lassen sich diese Anbauten leicht vom ursprünglichen Baubestand unterscheiden, der sich als eine planmäßige Einheit darstellt.

Die einst wichtigsten Räume des Schlosses im Obergeschoß des Südflügels wurden öffentlich über die hölzerne Wendeltreppe im Haupttreppenturm erschlossen: Sie bilden eine zeremonielle Raumfolge der Art, wie sie sich im französischen Schloßbau des frühen 16. Jahrhunderts entwickelt hatte, bestehend aus dem Vorsaal der Trabanten, dem großen **Audienz-** und **Festsaal** und dem zweikammerigen Wohnappartement des Fürsten oder der Fürstin. Unter dem großen Saal befindet sich die gleichgroße **Hofstube**, die unmittelbar von außen zugänglich ist, und im Anschluß daran die ehemalige, in den 1620er Jahren eingerichtete **Schloßkapelle** (1904 aufgehoben, Reste der figürlichen Ausstattung, Holzschnitzfiguren von Henning Heidtrieder, in der ev. Maria-Magdalenenkirche) mit dem Fürstenstuhl. Jetzt befindet sich hier und im darunterliegenden Gewölbekeller das Schloßrestaurant.

In den anderen Flügeln bilden die vom Flur erschlossenen Räume kleinere Appartement-Einheiten. Im Erdgeschoß des unterkellerten Nordflügels lagen Küche und Wirtschaftsräume, die ursprünglich aus Brandschutzgründen flach gewölbt waren (Spuren der Gewölbeansätze in den Wänden, die Decken sind in Angleichung an die übrigen im Schloß neu geschaffen worden).

Ein besonderer Glücksfall ist die weitgehende Erhaltung der **Eichenbalkendecken**. Sie wurden wohl erst in den 1620er Jahren abwechslungsreich ornamental mit sogenanntem Beschlag- und Schweifwerk bemalt. Ihre Konstruktion besteht aus starken, von Außenwand zu Außenwand durchlaufenden Hauptbalken, die auch als Zuganker dienen. Sie werden durch kurze, kleine Tochterbalken verbunden. Auf diesem gut ausgesteiften Balkenwerk wurden breite Dielenbretter verlegt, die einen teilweise rekonstruierten Keramikplattenboden trugen. Die Auflager der Hauptbalken werden von Flachkonsolen unterstützt. Diese zeigen im Erdgeschoß ionische, im Hauptgeschoß korinthische Profile. Damit folgen sie den Regeln der klassischen Säulenordnungen nach dem römischen Architekturtheoretiker Vitruv, die für Renaissancearchitektur verbindlich waren. Derartige Deckenkonstruktionen waren im süd- und westeuropäischen Raum verbreitet, in Schleswig-Holstein aber die Ausnahme und sind bei uns sonst nirgends so vollständig überliefert. Der Flur wird von einem hölzernem Teil-Gewölbe auf Spanten überdeckt.

Besonders eindrucksvoll ist die gewaltige Roofen-**Dachkonstruktion** niederländischer Art mit einem Kniestock aus krummgewachsenen Eichenbindern, eine hervorragende Zimmermannskonstruktion (ähnlich, wenn auch weniger qualitätvoll, im Torhaus von Gut Seedorf und auf Hoyerswort erhalten, s. dort). Im Dachraum des Schlosses wird moderne europäische Keramik aus der Sammlung von Hans Thiemann gezeigt. *(Ha)*

Schlossmuseum

Besichtigung/Öffnungszeiten:

Mi. - So. 10-17 Uhr

Restaurant

Restaurant Schloß Reinbek · Tel. 040/ 727 93 15

Anschrift/Tel.:

Schloß Reinbek · Schloßstr. 5 · 21465 Reinbek · Tel. 040/ 727 34 60

LANDESKUNDLICHES

„Schleswig-Holstein meerumschlungen" - wie im Schleswig-Holstein-Lied besungen, prägt Wasser den Charakter des Landes in ganz unterschiedlichen Landschaften: Die Nordsee-Küste eher rauh und flach mit Inseln, den Halligen und der größten Wattenlandschaft der Welt, die Ostsee-Seite dagegen hügelig, vielgestaltiger und mit der langen Sandküste stärker touristisch geprägt. Der Nord-Ostseekanal, eine der meistbefahrenen Schiffahrtsstraßen, verbindet beide Meere miteinander.

Das eiszeitlich geprägte Landesinnere mit seinen ca. 300 Seen (besonders eindrucksvoll: der Plöner und der Ratzeburger See) bietet Bewohnern und Gästen ein vielfältiges Landschaftserlebnis und abwechslungsreiche Freizeitmöglichkeiten. Die südwestlich von Kiel gelegene Holsteinische Schweiz beeindruckt durch sanfte Hügel, idyllische Dörfer, Wälder und die Knicks, Wallhecken zwischen Feldern und Wiesen. Der Beiname Schweiz ist eine gelinde Übertreibung: Die höchste Erhebung, der Bungsberg, mißt gerade mal 168 Meter, wartet aber mit einem echten Skilift auf.

Das dünnbesiedelte Land hält nicht nur für Naturliebhaber, sondern auch für Kulturinteressierte viele Schätze bereit: Neben den in die Kulturlandschaften eingebundenen Schlössern und Gutsanlagen locken geschichtsträchtige Städte. Allen voran steht Lübeck, die Königin der Hanse, aber auch Ratzeburg, Eutin oder Schleswig schmücken historische Bauten und eine schöne Altstadt.

Das Schleswig-Holstein Musik Festival hat sich zu einer weitberühmten Attraktion entwickelt. Acht Wochen lang wird im Sommer vor unverwechselbarer Kulisse in Herrenhäusern, Kirchen, Schlössern und Scheunen musiziert. Stars von Weltrang und hochrangige Gäste geben dem sonst so beschaulichen Land zwei Monate lang ein internationales Flair.

Nach Abreise der Gäste rüstet sich das Land dann für den Herbst, der der Nordsee-Küste häufig Sturmfluten bringt, so daß es auf den Halligen auch „Land unter" heißt und nur noch die Warften mit den Wohngebäuden aus den Fluten ragen. Auch sonst zeigt das Wetter Extreme: In der schon legendären Schneekatastrophe von 1978/79 waren ganze Landstriche von der Außenwelt abgeschnitten. Im allgemeinen aber zeigt sich das Klima von seiner angenehmen Seite: Die klare Seeluft und maritime Temperaturen fördern das Wohlbefinden, und das weite Land lädt zu Erkundungsstouren ein.

Die Küche ist deftig und lockt mit vielen regionalen Spezialitäten. Neben so bekannten Gerichten wie Labskaus und Aalsuppe (die eben nicht nur Aal, sondern „alles" enthält) gehören Birnen, Bohnen und Speck, Schwarzsauer (Schlachtgericht, mit Blut gekocht) und zum Nachtisch eine Quetschmadame (Birnenreis) samt Pharisäer zu den landestypischen Gerichten, die man probieren sollte.

Veranstaltungen und Adressen

Februar

Biikebrennen an der Nordseeküste

Tourismusverband Schleswig-Holstein e.V. (siehe unter „Adresse")

Mai

Pellworm: Rungholttage

Kurverwaltung, Uthlandestr. 2, 25849 Pellworm,

Tel. 048 44/ 189 42

Kappeln: Heringstage

Stadt Kappeln, Postfach 1226, 24372 Kappeln,

Tel. 046 24/ 183 69

Lübeck: Freilichtbühne bis September

Theater und Musik, Holstenstr. 22, 24641 Sievershütten,

Tel. 041 94/ 75 64

Juni

Glückstadt: Glückstädter Matjeswochen bis September

Tourist-Information, Große Nübelstr. 31, 25348 Glückstadt,

Tel. 041 24/ 93 75 86

Kiel: Kieler Woche

Landeshauptstadt Kiel, Kieler-Woche-Büro, Postfach 1152, 24099 Kiel,

Tel. 0431/ 901 24 02

Bad Segeberg: Karl-May-Spiele bis September

Kalkberg GmbH Bad Segeberg, Karl-May-Platz, 23795 Bad Segeberg,

Tel. 045 51/ 952 10

JULI

Heide: Heider Marktfrieden
Tourist-Information, Postelweg 1, 25746 Heide, Tel. 0481/ 68 50 117
(findet nur in Jahren mit gerader Jahreszahl statt)
Eutin: Eutiner Sommerspiele, bis August
Eutin GmbH, Bleekergang 6, 23701 Eutin, Tel. 045 21/ 709 70

Schleswig-Holstein Musik Festival, Juli und August
Kartenzentrale des SHMF, Postfach 38 40, 24037 Kiel,
Tel. 0431/ 56 70 80
Literatursommer, Juli und August
Literarische Veranstaltungen, Themenabende und Führungen in verschiedenen Städten
Literaturhaus Schleswig-Holstein, Schwanenweg 13, 24105 Kiel
Tel. 0431/ 579 68 40 u. 579 68 41
Museumssommer an den Wochenenden im Juli und August
Der „schöne Tag" im Museum mit besonderen Veranstaltungen
Museumsamt Schleswig-Holstein, Haddebyer Chaussee 14,
24866 Busdorf, Tel. 046 21/ 93 65 15

AUGUST

Schleswig: Wikingertage
Touristinformation, Plessenstr. 7, 24837 Schleswig,
Tel. 046 21/ 248 78
(findet nur in Jahren mit gerader Jahreszahl statt)
Cismar: Klosterfest
Kurverwaltung Grömitz, Kurpromenade, 23739 Grömitz,
Tel. 045 62/ 25 62 38
Kellinghusen: Töpfermarkt
Fremdenverkehrsamt, Hauptstr. 18, 25548 Kellinghusen,
Tel. 048 22/ 371 07

September

Husum: Pole-Poppenspäler-Tage

Förderkreis Pole Poppenspäler e.V., Stadtpassage, Großstr. 16, 25813 Husum, Tel. 048 41/ 632 42

Dithmarschen: Dithmarscher Kohltage

Touristikzentrale Dithmarschen, Alleestr. 12, 25761 Büsum, Tel. 048 34/ 900 10

Adresse für Auskünfte, Übernachtungen, Buchungen etc.

Tourismusverband Schleswig-Holstein e.V.
Niemannsweg 31, 24105 Kiel,
Tel. 0431/ 56 00 100, Fax 56 98 10

GLOSSAR

Ädikula	Giebelbekrönte Rahmungen von Fenstern, Türen, Nischen oder Grabmalen
Akanthus	Distelblattornament nach im Mittelmeergebiet verbreiteter Pflanzenart (z.B. Teil des korinthischen Kapitells)
Alkoven	fensterlose Bettnische
Allegorie	gleichnishafte, sinnbildliche, häufig personifizierte Darstellung abstrakter Begriffe
Architrav	auf Säulen oder Pfeilern durchlaufender Stein-"balken"
Arkade	Bogenstellung auf Säule oder Pfeiler
Armillarsphäre	altes astronomisches Gerät zum Messen der Himmelskreise
Attika	brüstungsartige Aufmauerung über dem Hauptgesims, häufig zum Verdecken des Dachansatzes verwendet
Balustrade	Geländer oder Brüstung auf profilierten Stützgliedern (Balustern)
Bandelwerk	barockes Ziermotiv aus geschwungenen schmalen Bändern mit Ranken und Blattwerk
Basis	Säulen- oder Pfeilerfuß
Beletage	repräsentatives Hauptgeschoß
Beschlagwerk	Ornament in Nachahmung bandeiserner Zierbeschläge, betont durch angedeutete Nagel- oder Nietköpfe in Diamantquaderform

Blende	flache, nischenähnliche Mauervertiefung zur Auflockerung der Wandfläche, häufig mit Bogenschluß
Boskett	Hecken- und Niederwaldbereich des Gartens. Dichte, in geometrisch exakten Formen geschnittene Hecken oder Bäume, die grüne Wände bilden
Dekor	figürlicher oder ornamentaler Schmuck (Einzelmotive)
dendrochronologisch	gehölzkundlich. Dendrochronologie = Verfahren zur Bestimmung des Holzalters mit Hilfe der Jahresringe
Dienst	plastisches Bauglied auf der Wand zur Abfangung von Gewölbeteilen
Distichon	aus zwei Verszeilen bestehende Verseinheit
Ehrenhof	Hof vor herrschaftlichem Bau
Empore	erhöhter und mit Brüstung versehener Raumteil auf Säulen oder Pfeilern
Enfilade	Zimmerflucht, bei der die Verbindungstüren in einer Achse liegen
Entree	Eingangsraum, Vorzimmer
Fideikommiß	im früheren deutschen Recht unveräußerliches und unteilbares Familienvermögen, in der Regel Grundbesitz
Fries	waagerechter Zierstreifen auf Wandflächen
Galerie	1. langer saalartiger Vorraum zur Verbindung mehrerer Empfangs- oder Festräume. 2. erhöht im Saal umlaufende schmale Empore

Gesims	waagerechtes, vor die Mauerfläche tretendes, gliederndes Bauelement
Gewölbekappe	Teilstück des Gewölbes zwischen Grat oder Rippe
Gouache	deckende Malerei mit Wasserfarben in Verbindung mit Bindemitteln und Weiß
Gratgewölbe	entsteht aus der kreuzförmigen Durchdringung zweier Tonnengewölbe mit gratigen Schnittstellen
Grisaille	Malerei mit Graufarben
Groteske	Ornamentmotiv aus dünnem Rankenwerk, in das menschliche und tierische Wesen, Früchte, Blumen, Trophäen, Architekturteile und dgl. eingefügt sind
Haubarg	Bauernhausform, bei der Wohnteil, Ställe und Tenne um die vier Seiten des hohen Stapelraums in der Mitte, den Vierkant, herumgelegt sind. Alle Räume finden so unter einem großen Walmdach Platz. Hauptsächlich in Eiderstedt verbreitet
Hermenpilaster	figürlich gestalteter, sich nach unten verjüngender Wandpfeiler
Insten	norddeutsche Bezeichnung für Gutstagelöhner
Joch	Gewölbefeld mit Raumteil darunter
Kämpfer	Zone am Ansatz eines Bogens, auch Querholz von Tür oder Fenster
Kätner	Landarbeiter
Kannelierung	Besetzung eines Säulen- oder Pfeilerschaftes mit senkrechten konkaven Rillen (Kanneluren)

Kanoniker	Mitglied eines Kapitels (zum Beispiel eines Domkapitels) oder eines Ordens regulierter Chorherren
Kanzelaltar	protestantische Sonderform des Altars im 18. Jahrhundert, bei dem die Kanzel und gegebenenfalls auch die Orgel auf einer von Säulen getragenen Empore über den Altar vorkragen
Kapitell	zumeist ausladender, geschmückter oberer Abschluß von Pfeiler oder Säule
Kartusche	ornamental gerahmtes Zierfeld, auch mit Inschriften, Wappen oder Emblemen
Karyatide	gebälktragende Frauenfigur
Kassette	vertieftes rechteckiges oder quadratisches Feld in einer Decke
Kavaliershäuser	Wohngebäude für Gäste, zumeist das Herrenhaus flankierende Bauten
Kniestock	Halbgeschoß im Dachraum
Knorpelwerk	aus knorpelartig sich verdickenden Gebilden zusammengesetzte Ornamentform des 17. Jahrhunderts
Kollegiatsstift	ursprünglich zu geistlichen Zwecken bestimmte Anstalt, deren Insassen das Stiftskapitel (z.B. eines Domstifts) bilden
Kolossalordnung	Fassadengliederung durch über mehrere Geschosse reichende Säulen oder Wandpfeiler
Konsole	vorkragendes Tragelement für Balken, Bögen, Dienste und Gesimse
Korbbogen	gedrückter Rundbogen
Kreuzrippengewölbe	Kreuzgewölbe mit unterlegten Rippen
Kreuzstockfenster	Fenster mit Kämpferholz und Pfosten

Krüppelwalm-dach	Dach mit abgeschrägtem und eingedecktem Giebelteil (auch Halbwalmdach)
Laterne	Bekrönungstürmchen einer Kuppel oder Turmhaube
Leibgedinge	zur Versorgung der Witwe im voraus vom Ehemann bestellter lebenslanger Nießbrauch von Grundstücken
Lisene	flach vor der Wand liegendes senkrechtes Gliederungselement ohne Basis oder Kapitell
Mansarddach	geknickte, zweiteilige Dachform, im unteren Teil zumeist ausgebaut
Maßwerk	ornamentale Verzierung zur Unterteilung von Fenstern oder Mauerflächen wie Giebeln, Brüstungen und dgl., ursprünglich gotische Zierform
Mezzanin	Zwischen- oder Halbgeschoß
Muldengewölbe	Tonnengewölbe, dessen Enden durch Wölbungen geschlossen sind
Nimbus	Heiligenschein
Nut	Rille
Obelisk	quadratischer, sich nach oben verjüngender Steinpfeiler mit Pyramidenabschluß
Ochsenauge	rundes oder ovales Fenster
Orgelprospekt	Schauseite der Orgel, Holzgehäuse, das den Pfeifenaufbau rahmt und durch Schnitzwerk und Malerei bereichert ist

Ornament	Verzierung
orthogonal	rechtwinklig
Paneel	hölzerne, meist aus einzelnen Feldern zusammengesetzte Wandverkleidung in der Sockelzone oder bis in Brusthöhe
Parterre	eigentlich: flaches Beet. Von diesem Begriff übertragen auf den mit flachen Beeten angelegten Gartenbereich unmittelbar vor der Gartenfront eines Gebäudes
Pavillon	kleiner freistehender Bau im Garten oder durch eigenes Dach deutlich abgesetzter Bauteil eines größeren Gebäudes
Pilaster	pfeilerartige Wandvorlage mit Basis und Kapitell
Plafond	flache Decke
polygonal	vieleckig
Portikus	Eingangsvorhalle in Gestalt einer antiken Tempelfront, in der Regel von Stützen getragen und mit Giebelabschluß
Quader	in regelmäßige Form gebrachter Werkstein mit meist glatten, parallelen Flächen (Quaderstein)
Régence	französische Stilrichtung der Übergangszeit zwischen Barock und Rokoko
Remter	Speise-, Versammlungssaal in Burgen und Klöstern
Risalit	vor die Fassade tretender Bauteil mit eigener Dachausbildung
Rippengewölbe	von Rippen getragenes Gewölbe

Rocaille	asymmetrische muschelförmige Ornamentform des Rokoko
Rollwerk	Ornamentform mit an Enden oder Rändern eingerollten Schmuckmotiven von plastischer Wirkung, vor allem bei Wappen und Kartuschen, ähnlich dem Beschlagwerk (s.d.)
Rondell	runder Platz am Kreuzungspunkt mehrerer sternförmig ausgerichteter Wegeachsen in Parkanlagen, häufig durch Statuen, Wasserbecken oder Blumenschmuck besonders hervorgehoben
Roofe	die Dachdeckung tragendes Holz (Roofen-Dach)
Rückpositiv	Teil des Orgelwerks, das im Rücken des Organisten an der Orgelemporenbrüstung in den Raum hineinragt
Rustika	in Quader aufgeteiltes Mauerwerk, häufig in der Sockelzone oder an Gebäudekanten, im Backsteinbau Ziegelversatz (rustiziert), auch bei Putzflächen angewendet

Satteldach	zwei gegen einen First ansteigende schräge Dachflächen hinter Giebeln
Schirmgewölbe	Gewölbe in der Art einer Kuppel mit segelförmig nach außen geblähten Kappen zwischen den Rippen oder Graten
Schlämme	dünn aufgetragener Farb- bzw. Putzüberzug (geschlämmt)
Schweifgiebel	Giebel mit geschwungenem Umriß, in der Regel von Voluten gerahmt
Segmentbogen	aus dem Kreisabschnitt gebildeter flacher Bogen
Sgraffito	Kratzputz, Putz aus mehreren farbig getönten Schichten zur Herstellung von architektonischen, figürlichen oder ornamentalen Dekorationen von großer Haltbarkeit

Spant	rippenähnliche hölzerne Verstärkung eines Gewölbes
Spiegelgewölbe	Kreuzgewölbe, dessen oberer Teil abgeschnitten und durch eine flache Decke (Spiegel) ersetzt ist
Ständer-konstruktion	Holzbauweise mit tragendem Gerüst aus Ständern (Stützen)
Sterngewölbe	Gewölbe mit zu sternförmigen Figuren zusammengezogenen Rippen
Stichbogen	Flachbogen
Stichkappe	in die Rundfläche eines Gewölbes senkrecht einschneidende Gewölbekappe, entsteht bei Anlegung von über den Ansatz des Gewölbes aufsteigenden Fensteröffnungen
Supraporte	auch Sopraporte, das über dem Rahmen einer Tür liegende Feld, im vornehmen Wohnraum mit Schmuck ausgestattet
Terrakotta	gebrannter Ton, als Baukeramik meist dekoriert (Fries) und mit Reliefs geschmückt
Tonnengewölbe	Gewölbe mit halbkreisförmigem Querschnitt
Traufe	untere waagerechte Begrenzung eines Daches. Das Traufenhaus steht mit der Traufe zur Straße (traufenseitig)
Tudorbogen	aus je zwei Segmenten zweier kleiner und großer Kreise zusammengesetzter Bogen, der englischen Spätgotik entlehnte Form
Vestibül	repräsentative Eingangshalle oder -diele
Volute	spiralförmiges Schmuckelement an Giebeln, Konsolen und Kapitellen

Walmdach	auch zur Giebelseite geneigtes Dach mit vier Schrägen
Welsche Haube	mehrfach geschweifter Turmhelm
Zeltdach	Dach in Pyramidenform
Zwerchhaus	quer zum First ausgebildeter Bauteil mit Satteldach oder Giebel (Zwerchgiebel) über der Dachtraufe
Zwickel	dreiseitig begrenztes Flächenstück, wie es sich z. B. zwischen einem Bogen und seiner rechteckigen Umrahmung beiderseits ergibt: Bogenzwickel (z. B. bei einem Portal). Im ähnlichen Sinne spricht man von Gewölbezwickel

(We)

LITERATURAUSWAHL

Biographisches Lexikon für Schleswig-Holstein und Lübeck. Bd.1-10, Neumünster 1970-1994

Bubert, Ingo und Walter, Hanspeter, Gutshöfe, Herrenhäuser und Schlösser im östlichen Holstein, Schellhorn 1989

Buttlar, Adrian von und Meyer, Margita Marion (Hrsg.), Historische Gärten in Schleswig-Holstein, Heide 1996

Cuveland, Helga de, Schloß Ahrensburg und die Gartenkunst (= Stormarner Hefte 18), Neumünster 1994

David-Sirocko, Karen, Die Blomenburg, Tökendorf 1992

Davids, Curt, Das Schloß in Reinbek (= Stormarner Hefte 2), Neumünster 1975

Degn, Christian, Schleswig-Holstein eine Landesgeschichte, Historischer Atlas, Neumünster 1994

Dehio, Georg, Handbuch der Deutschen Kunstdenkmäler - Hamburg / Schleswig-Holstein, 2. Aufl. München/Berlin 1994

Denkmalpflege in Schleswig-Holstein, hrsg. v. Landesamt für Denkmalpflege Schleswig-Holstein, Neumünster 1993

Ellger, Dietrich, Schleswig-Holstein, 3. Aufl. München/Berlin 1974

Engler, Michael und Zubek, Paul, Herrenhäuser und Schlösser in schleswig-holsteinischer Landschaft, Neumünster 1990

Freytag, Hartmut / Harms, Wolfgang und Schulze, Heiko K. L., Die Embleme der "Bunten Kammer" im Herrenhaus Ludwigsburg (= Große Baudenkmäler, Heft 497), München/Berlin 1994

Gottorf im Glanz des Barock. Kunst und Kultur am Schleswiger Hof 1544-1713, Kataloge d. Ausstellung zum 50jährigen Bestehen des Schleswig-Holsteinischen Landesmuseums auf Schloß Gottorf hrsg. v. Heinz Spielmann und Jan Drees, Band I: Die Herzöge und ihre Sammlungen, Schleswig 1997

Grunsky, Konrad (Hrsg.), Schloß vor Husum, Husum 1990

Gutsanlagen des 16. bis 19. Jahrhunderts im Ostseeraum-Geschichte und Gegenwart - Symposion ICOMOS 1989 (= ICOMOS, Hefte des Deutschen Nationalkomitees II), München o.J. (1990)

Hennigs, Burkhard von, Der Jersbeker Garten im Spiegel von Stichen und Zeichnungen aus dem 18. Jahrhundert, ein Beitrag zur Geschichte des Jersbeker Barockgartens (= Stormarner Hefte 11), Neumünster 1985

Hirschfeld, Peter, Herrenhäuser und Schlösser in Schleswig-Holstein, 5. Aufl., München/Berlin 1980

Hunzinger, Silke, Schloß Plön, Plön 1997

König, Dietrich, Parks und Gärten in Schleswig-Holstein, 3. neubearb. Aufl, Heide 1976

Konerding, Volker u.a., Das Herrenhaus Steinhorst und die Sammlung Schwartzkopf, Neumünster 1979

Kunst-Topographie Schleswig-Holstein, hrsg. von Hartwig Beseler, Neumünster 1969

Lafrenz, Deert, Das Kieler Schloß, Hamburg 1987

Landt, Matthias, Die Schloßbauten des Gottorfer Herzogs Adolf im 16. Jahrhundert, Kiel 1986

Lohmeier, Dieter (Hrsg.), Arte et Marte. Studien zur Adelskultur des Barockzeitalters in Schweden, Dänemark und Schleswig-Holstein, Neumünster 1978

Lohmeier, Dieter und Müller, Wolfgang J., Emkendorff und Knoop - Kultur und Kunst in schleswig-holsteinischen Herrenhäusern um 1800, 2. Aufl., Heide 1984

Lorentzen, Vilhelm, Rantzausche Burgen und Herrensitze im 16. Jahrhundert nach der Rantzauschen Tafel, Schleswig 1913

Lühning, Frauke und Schadendorff, Hans (†), Schloß Ahrensburg (= Führer zu schleswig-holsteinischen Museen, Bd. 1), Neumünster 1998

Neuschäffer, Hubertus, Schlösser und Herrenhäuser in Südholstein, Würzburg 1984

Neuschäffer, Hubertus, Schlösser und Herrenhäuser im Herzogtum Lauenburg, Würzburg 1987

Rumohr, Henning von, Schlösser und Herrensitze in Schleswig-Holstein und Hamburg, Frankfurt a.M. 1960

Rumohr, Henning von, Schlösser und Herrenhäuser in Ostholstein, 2. Aufl. Frankfurt a.M. 1982

Rumohr, Henning von, Schlösser und Herrenhäuser im Herzogtum Schleswig, 3. Aufl. Würzburg 1987

Rumohr, Henning von, Schlösser und Herrenhäuser im nördlichen und westlichen Holstein, 2. Aufl. Würzburg 1988

Rumohr, Henning von und Neuschäffer, Hubertus, Schlösser und Herrenhäuser in Schleswig-Holstein, Frankfurt a.M. 1983

Saeftel, Friedrich, Emkendorff 1190-1790, eine landeskundliche und baugeschichtliche Arbeitsstudie, Kiel 1978

Schlee, Ernst, Das Schloß Gottorf in Schleswig (= Kunst in Schleswig-Holstein 15), 2. Aufl. Neumünster 1978

Schmidt, Harry, überarb. u. ergänzt von Frauke Lühning, Drei Schlösser am Westensee, Rendsburg 1984

Schulze, Heiko K. L., Schloß Eutin, Eutin 1991

Seebach, Carl-Heinrich, Das Kieler Schloß, Neumünster 1965

Seebach, Carl-Heinrich, Schloß Glücksburg, Neumünster 1979

Seebach, Carl-Heinrich, Schierensee. Geschichte eines Gutes in Holstein, 2. Aufl. Neumünster 1981

Seebach, Carl-Heinrich, 800 Jahre Burgen, Schlösser und Herrensitze in Schleswig-Holstein, Neumünster 1985

Thietje, Gisela, Der Eutiner Schloßgarten (= Studien zur schleswig-holsteinischen Kunstgeschichte, Bd. 17), Neumünster 1994

Ullmann, Hellmuth von und Hahn, Walter, Wanderungen zu den Herrenhäusern und Gütern im Herzogtum Lauenburg, Schwarzenbek 1981

Wendt, Antje, Das Schloß zu Reinbek, Neumünster 1994

Zahlreiche Aufsätze zum Thema sind veröffentlicht in den Zeitschriften:

Nordelbingen - Beiträge zur Kunst- und Kulturgeschichte, hrsg. im Auftrage der Gesellschaft für Schleswig-Holsteinische Geschichte, Heide (bisher erschienen Bd. 1/1923 - Bd. 66/1997)

DenkMal*!* - Zeitschrift für Denkmalpflege in Schleswig-Holstein, hrsg. v. Landesamt für Denkmalpflege Schleswig-Holstein, Heide (bisher erschienen Jg. 1/1994 - Jg. 5/1998)

Schloß Plön

EIN REISEFÜHRER
Schlösser und Herrenhäuser in Mecklenburg-Vorpommern
Dieter Pocher
OZ
L&H VERLAG

UrlaubsKulisse
Schleswig-Holstein

Wir drucken

Hamburger Straße 26
23795 Bad Segeberg
Telefon 04551/9 04 94
Telefax 04551/9 04 87

C.H.WÄSER OFFSET GMBH

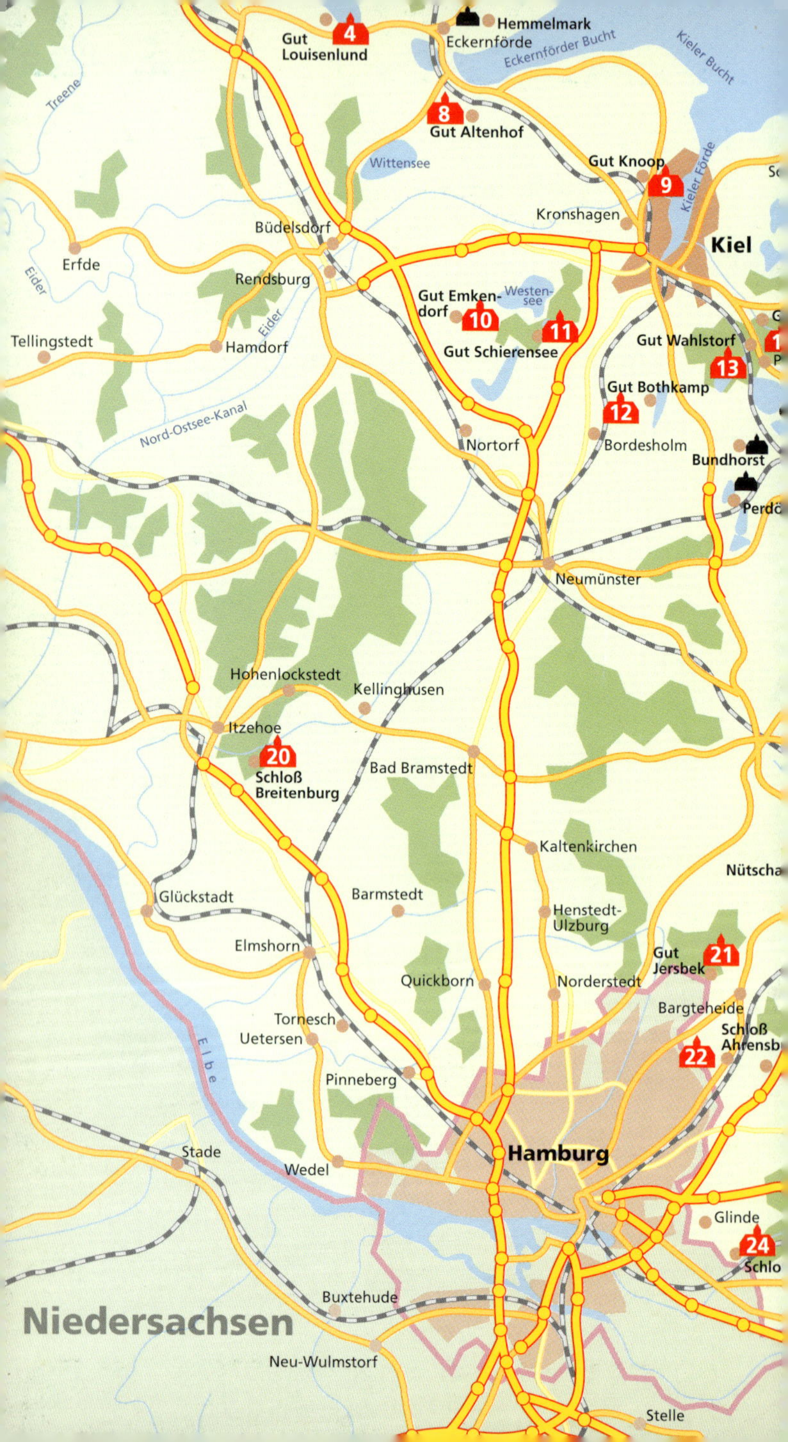

Gut Louisenlund
4
Hemmelmark
Eckernförde
Eckernförder Bucht
Kieler Bucht
Treene
8
Gut Altenhof
Wittensee
Gut Knoop
9
Kieler Förde
Kronshagen
Büdelsdorf
Kiel
Erfde
Eider
Rendsburg
Gut Emkendorf
Westensee
10
11
Gut Schierensee
Tellingstedt
Hamdorf
Eider
Gut Wahlstorf
13
Gut Bothkamp
12
Nord-Ostsee-Kanal
Nortorf
Bordesholm
Bundhorst
Neumünster
Hohenlockstedt
Kellinghusen
Itzehoe
20
Schloß Breitenburg
Bad Bramstedt
Kaltenkirchen
Glückstadt
Barmstedt
Henstedt-Ulzburg
Elmshorn
Quickborn
Norderstedt
Gut Jersbek
21
Bargteheide
Schloß
22
Tornesch
Uetersen
Elbe
Pinneberg
Stade
Wedel
Hamburg
Glinde
24
Buxtehude
Niedersachsen
Neu-Wulmstorf
Stelle